어린이 과학 형사대
CSI ⓵⓷

CSI, 친구가 되다!

어린이 과학 형사대 CSI ⑬

초판 1쇄 발행 | 2012년 12월 17일
초판 17쇄 발행 | 2022년 3월 30일

지은이 | 고희정
그린이 | 서용남
감 수 | 곽영직(수원대학교 물리학과 교수)

펴 낸 곳 | (주)가나문화콘텐츠
펴 낸 이 | 김남전
편 집 장 | 유다형
편 집 | 이보라 설예지 김아영
디 자 인 | 양란희
마 케 팅 | 정상원 한웅 정용민 김건우
경영관리 | 임종열

출판 등록 | 2002년 2월 15일 제10-2308호
주 소 | 경기도 고양시 덕양구 호원길 3-2
전 화 | 02-717-5494(편집부) 02-332-7755(관리부)
팩 스 | 02-324-9944
홈페이지 | ganapub.com
이 메 일 | ganapub@naver.com

ⓒ 고희정, 2010

ISBN 978-89-5736-521-2 (74400)
    978-89-5736-440-6 (세트)

* 책값은 뒤표지에 표시되어 있습니다.
* 이 책의 내용을 재사용하려면 반드시 저작권자와 (주)가나문화콘텐츠 양측의 동의를 얻어야 합니다.
* 잘못된 책은 구입하신 서점에서 바꾸어 드립니다.

* '가나출판사'는 (주)가나문화콘텐츠의 출판 브랜드입니다.

KC
- 제조자명 : (주)가나문화콘텐츠
- 주소 및 전화번호 : 경기도 고양시 덕양구 호원길 3-2 / 02-717-5494
- 제조연월 : 2022년 3월 30일
- 제조국명 : 대한민국
- 사용연령 : 4세 이상 어린이 제품

어린이 과학 형사대
CSI ⑬

CSI, 친구가 되다!

글 고희정 | 그림 서용남
감수 곽영직(수원대학교 물리학과 교수)

주인공 소개

● 강별

CSI 2기 지구 과학 형사. 매사에 자신만만하며 승부욕이 강하다.

● 양철민

CSI 2기 화학 형사. 어딜 가나 와자지껄 시끄럽고 덤벙대는 리틀 어 형사.

● 신태양

CSI 2기 생물 형사. 싹싹하고 예의 바르며 매력적인 훈남.

● 황수리

CSI 2기 물리 형사. 소극적이지만 차분하고 사고가 논리적이다.

어린이 형사 학교 학생들

· 장원소   · 소남우   · 송화산   · 최운동

어린이 형사 학교 선생님들

· 박춘삼 교장   · 어수선 형사   · 정나미 형사   · 안미인 형사

- CSI, 시험에 들다 6

사건 1 친구야, 미안해! 12
핵심 과학 원리 – 중력과 힘
수리가 들려주는 사건 해결의 열쇠 46

사건 2 수상한 점심 약속 50
핵심 과학 원리 – 소화 기관
태양이가 들려주는 사건 해결의 열쇠 84

사건 3 폭탄을 찾아라! 88
핵심 과학 원리 – 화학 반응
철민이가 들려주는 사건 해결의 열쇠 122

사건 4 유괴범을 잡아라! 126
핵심 과학 원리 – 화산
화산이가 들려주는 사건 해결의 열쇠 160

- CSI, 경찰서에 배치되다 164

- 특별 활동 : CSI, 함께 놀며 훈련하다! 170

- 찾아보기 180

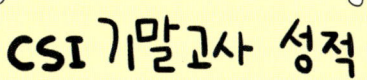

핵심 과학 원리 | 중력과 힘

사건 1

친구야, 미안해!

"혹시 장평초등학교 한정민이라는 학생 아니?"
순간, 서늘한 바람이 등골을 싹~ 지나가는 느낌.
철민이는 번쩍 떠오르는 게 있어 물었다.
"장평구에서 다쳤다는 학생이 혹시 한정민인가요?"

 놀라운 뉴스

"야호! 통과다, 통과!"

일주일 동안 최선을 다해 열심히 공부한 운동이와 화산이. 다행히 재시험에 통과해 유급을 면하게 되었으니, 정말 다행이다.

운동이와 화산이의 공부를 도와준 아이들도 자기 일처럼 좋아했다. 이제 모두 시험에 통과했으니, 방학만 기다리면 된다. 여유가 생겨서 그런지 아이들 표정이 한결 밝아졌다.

그런데 아침을 먹고 휴게실에 모여 잠깐 쉬고 있을 때였다. 틀어 놓은 TV에서 뉴스가 흘러나왔다.

"어젯밤 서울시 장평구의 한 아파트 뒷길에서 초등학생 어린이가 피를 흘리며 쓰러져 있는 것을 경비원이 발견해 병원으로 옮겼습니다."

"장평구? 어, 저기 우리 동네인데!"

철민이의 말에 아이들 시선이 모두 화면으로 모아졌다.

"사건 현장이 평소 학생들이 자주 모이는 곳이라는 주민들의 말에 따라 경찰은 일단 집단 폭행 가능성을 놓고 수사하고 있습니다."

"집단 폭행!"

운동이가 놀란 표정으로 말했다. 철민이는 이상하게 불안한 느낌이 들었다. 그런데 바로 그때 철민이의 휴대 전화가 요란하게 울렸다.

"여보세요?"

"양철민 학생인가요?"

"네, 제가 양철민인데요."

"여기 장평경찰서인데."

"네? 장평경찰서요?"

경찰서라는 말에 모두들 의아한 표정. 경찰서에서 왜 철민이를 찾는단 말인가?

"혹시 장평초등학교 한정민이라는 학생 아니?"

순간, 서늘한 바람이 등골을 싹~ 지나가는 느낌. 철민이는 번쩍 떠오르는 게 있어 물었다.

"장평구에서 다쳤다는 학생이 혹시 한정민인가요?"

"맞아. 정민이 휴대 전화에 있는 문자 메시지를 보고 전화한 거야."

도대체 이게 무슨 일인가! 혹시나 했는데, 방금 뉴스에 나온 아이가 역시 철민이의 친구였던 것이다. 철민이는 떨리는 목소리로 물었다.

"정민이는 괜찮나요?"

"머리를 다쳐서 수술을 했는데, 다행히 생명에는 지장이 없어. 아직 의식은 없는 상태고."

생명에는 지장이 없다니 천만다행이다. 철민이는 자신이 'CSI'임을 밝히고 정민이가 있는 병원을 물었다.

"가 봐야겠어."

철민이는 전화를 끊자마자 나갈 채비를 했다. 그러자 태양이도 얼른

일어나며 말했다.

"철민아, 같이 가자."

지난번 태양이가 의문의 교통사고 사건을 맡았을 때 철민이가 얼마나 많이 도와주었던가! 뿐만 아니라 어린이 형사 학교 아이들 중 태양이에게 가장 살갑게 대하는 친구다. 그런 철민이의 친구가 다쳤다는데, 태양이는 가만히 있을 수 없었다. 어떻게든 위로해 주고 싶었다.

그때 조용히 고개를 돌리는 이가 있었으니, 바로 강별. 사실 태양이가 일어나는 순간, 별이도 막 일어나고 있었다. 철민이와 같이 가려고 한 것이다. 그런데 그만 태양이에게 선수를 빼앗기고 말았다.

별이는 태양이가 얄미웠다. 이유야 어찌 됐든 태양이가 자꾸 자신의 일에 끼어들고 방해하는 느낌이 들었기 때문이다.

다른 아이들도 철민이를 위로해 주었다. 철민이와 태양이는 안 형사에게 외출 허락을 받고 병원으로 향했다.

양철민의 친구, 한정민

2주 전, 밤 10시가 넘은 시간이었다. 철민이가 한참 시험공부에 열을 올리고 있는데, '딩동' 하며 문자 메시지가 왔다.

– 양은 냄비, 잘 지내냐?

'양은 냄비? 누구지?'

전화번호를 보니, 한정민이었다. 어린이 형사 학교로 전학 오기 전에 다녔던 장평초등학교 친구. 4학년 때 같은 반이었는데, 꽤 친한 사이였다.

장평초등학교에서 양철민의 별명은 '양은 냄비'였다. 양철민이라는 이름 때문이기도 하고, 항상 시끄럽고 수선스러운 것이 살짝만 두드려도 요란한 소리를 내는 양은 냄비 같다고 해서 붙은 별명이었다.

물론 어린이 형사 학교에서는 아무도 철민이를 '양은 냄비'라고 부르지 않는다. 그 대신 어린이 형사 학교 공식 별명은 바로 '리틀 어 형사'.

여하튼 철민이는 오랜만에 온 친구의 문자 메시지가 반가웠다. 어린이 형사 학교로 전학 온 후 몇 번 문자와 전화를 주고받았지만, 그 뒤로 벌써 1년 넘게 소식이 끊긴 상태였기 때문이다.

- 오, 한정민! 나 보고 싶구나?
- 그래, 보고 싶다. 정말…….

철민이는 이상한 느낌이 들었다. 보통은 '웃기네.', '꿈 깨라.' 같은 반응이 나와야 하는데, 보고 싶다니. 게다가 '정말'이란 말까지. 순간, 항상 쓸쓸해 보였던 정민이의 뒷모습이 떠올랐다.

> – 나도 보고 싶다. 시험 끝나고 한번 보자.
> – 그래, 다음에 보자.

그런데 철민이는 시험공부로 바쁜 나머지 정민이에게 연락한다는 것을 그만 까마득히 잊어버렸다.

'그때 조금 이상했던 느낌이 이번 일과 관련 있지는 않을까? 시험 때문에 정신이 없었다지만 그때 좀 더 깊이 생각했어야 했어.'

병원으로 가는 내내 철민이는 지난 일이 자꾸 후회되었다.

정민이는 초등학교 1학년 때부터 또래보다 키가 작고 뚱뚱했다. 게다가 말과 행동도 느리고, 공부도 잘 못했다. 그러다 보니 4학년이 되어 철민이와 같은 반이 되었을 때는 이미 학교에서 공식 '왕따'였다. 그때 정민이에게 먼저 다가가 말을 건 아이가 바로 철민이었다.

"한정민? 난 양철민인데. 똑같이 '민'자로 끝나니까 우리 친하게 지내자. 민 브라더스, 어때? 헤헤헤."

그러면서 정민이에게 손을 내미는 순간, 반 아이들은 놀란 토끼 눈을 하고 철민이를 쳐다보았다. 당사자인 정민이 역시 깜짝 놀란 표정이었다. 나중에 정민이가 철민이에게 말했다. 자기한테 먼저 다가와 말을 걸어 준 아이는 철민이 네가 처음이었다고.

다른 친구들은 철민이를 말리고 나섰다. 철민이가 낄 데 안 낄 데 가리지 않고 온갖 참견을 다 하고 다녔지만, 의리도 있고 유머도 있어서 주변에는 늘 친구가 많았다. 친구들은 왜 너같이 인기 많은 애가 그런 왕따랑 노느냐, 그러다 너도 왕따가 될지 모르니 그만두라고 했다.

하지만 철민이는 계속 정민이와 같이 다녔다. 왠지 돌봐 줘야 할 것 같은 마음이 들었기 때문이다. 어쩌면 동정이었을지도 모른다. 아니, 솔직히 처음엔 그랬다.

아이들이 큰 소리로 자기 흉을 볼 때도 아무 말 못하던 정민이. 하지만 철민이는 정민이의 아픈 마음을 느낄 수 있었다. 그래서 모른 척할 수가 없었다.

그런데 정민이와 함께 다니면서 그 애의 새로운 면이 보였다. 정민이는 마음씨가 정말 착하고, 책을 많이 읽는 아이였다. 그래서 그런지 아는 것도 정말 많았다. 왜 공부를 못하는지 이상할 정도였다.

여하튼 아이들 사이에서 인기가 많았던 철민이 덕에 정민이도 4학년 내내 반 아이들과 잘 지낼 수 있었다.

그런데 다른 친구들 말에 의하면, 철민이가 어린이 형사 학교로 전학 간 이후 정민이는 또다시 왕따가 되었다고 한다. 그래도 한동안은 정민이와 연락을 주고받았는데, 학교 수업과 사건 조사로 워낙 바쁘게 지내다 보니 점차 연락이 뜸해졌다.

그러니 정민이가 1년 만에 갑자기 문자 메시지를 보낸 것은 분명 무슨 일이 있었기 때문이 아닐까? 그런데도 바쁘다는 핑계로 그 말을 흘려버렸다. 철민이는 생각할수록 마음이 아팠다.

철민이와 태양이는 정민이가 있는 중환자실을 찾아갔다. 머리에 잔뜩 붕대를 감고 누워 있는 정민이를 보자, 철민이는 참았던 눈물이 쏟아졌다. 정민이 엄마도 울음을 터뜨렸다.

"내 잘못이야. 먹고 사는 데 급급해서 정민이가 어떻게 지내는지 신경을 못 썼어, 흑흑흑."

정민이 아빠는 병으로 집에 누워 계시고, 엄마는 조그만 구멍가게를 하고 계셨다. 그래서 정민이는 엄마 대신 집안일에, 아버지 병 수발까지 거들고 있었다고 한다.

"철민아, 너 형사 됐다면서. 그러니까 네가 우리 정민이를 저렇게 만든 사람 좀 잡아 줘, 응?"

"네, 제가 꼭 잡을게요. 걱정 마세요. 정민이는 곧 일어날 거예요."

철민이의 말에 정민이 엄마는 주문을 외우듯 말했다.

"그래, 그래야지. 일어날 거야. 우리 정민이, 꼭 일어날 거야."

태양이도 정민이 엄마의 마음이 그대로 느껴져 눈물이 났다. 학교로 돌아가기 전 아이들은 담당 의사를 만나 정민이의 상태를 물었다.

"몸 여기저기에 타박상을 입었고, 작은 둔기로 머리를 맞은 거 같아. 두개골이 골절되면서 뇌출혈이 왔어. 빨리 발견된 게 다행이지."

그렇다면 누군가에게 맞았다는 얘기다. 왕따를 당하고 있다더니, 정말 뉴스에 나온 대로 집단 폭행을 당했단 말인가!

사건을 맡다

학교에 돌아오자마자 철민이는 안 형사에게 갔다. 그리고 이번 사건의 수사를 맡게 해 달라고 부탁했다.

"알았어. 교장 선생님께는 내가 말씀드릴게. 내가 도와줄 게 있으면 언제든 말하고."

안 된다고 하면 어떡하나 걱정했는데, 예상과 달리 안 형사는 바로 허락해 주었다. 그래서 철민이와 태양이가 막 경찰서에 가려는데, 수리가 따라나서며 말했다.

"철민아, 나도 도와줄게."

"정말? 고마워, 수리야."

그와 동시에 세 사람의 시선이 별이에게 쏠렸다. 어쩌다 보니 지난번 태양이가 사건을 맡았을 때와 비슷한 상황이 벌어졌다. 물론 별이는 처음부터 철민이를 도와주려 했지만 태양이 때문에 나서지 못했다. 그러다 보니 또 인정 없는 아이가 되어 버렸다. 왜 자꾸 이렇게 되는지, 별이는 속상했다. 그렇다고 선뜻 따라나서자니 괜히 자존심이 상했다. 철민이는 별이의 표정에서 그 마음을 읽고 너스레를 떨었다.

"강별, 너도 도와줘. 부탁이야, 제발~."

그러자 상황 파악이 된 수리도 나섰다.

"그래, 별이야. 같이 가자, 응?"

이쯤 되면 별이가 결단을 내려야 할 때. 별이는 자기 자존심을 세워 주려는 아이들이 고마웠다. 그래서 용기를 냈다.

"그래, 도와줄게."

새치름하게 말하는 별이. 태양이는 그런 별이가 이해되지 않았다. 이왕 도와줄 거면 먼저 나서면 안 되나? 자기 일을 도와 달란 것도 아니고 철민이의 일인데 말이다.

여하튼 그렇게 'CSI' 네 명이 사건을 맡게 되었다. 아이들은 장평경찰서로 향했다. 그사이 박 교장이 전화로 미리 연락해 둔 덕분에, 이 사건을 담당한 김순남 형사에게 사건에 대해 자세히 들을 수 있었다.

"처음 피해자를 발견하고 신고한 사람은 601동 아파트 경비 아저씨야. 어젯밤 9시경에 아파트 뒤쪽 길로 순찰을 돌다가 머리에 피를 흘리고 쓰러져 있는 피해자를 발견했대. 그때 이미 의식은 없는 상태였고. 곧바로 119에 신고해 병원으로 옮겼다는구나."

"사건 현장은 어떤 곳인가요?"

철민이가 물었다.

"사건 현장은 아파트 단지 제일 뒤쪽에 위치한 오솔길이야. 사람이 잘 다니지 않는 외진 곳이라서 불량 학생들이 자주 모인다고 하더라고. 그래서 지금 근처 학교 학생들 위주로 조사하는 중이었어."

아이들은 사건 발생 장소로 갔다. 아파트 담장을 따라 키 큰 나무들이 쭉 심어져 있어서 그런지 대낮인데도 꽤 어두웠고, 시끌벅적한 아파트 중심 쪽과는 다르게 인적도 드물었다.

아파트와 담장 사이로 사람들이 다니는 길이 있고, 그 양쪽 땅에는 잡초가 무성했다. 그리고 정민이가 쓰러져 있던 곳에는 아직도 피가 묻어 있었는데, 그 외에 단서가 될 만한 것은 찾을 수 없었다.

"그날 정민이가 누구와 있었는지부터 밝혀내야 해."

별이의 말에 철민이가 대답했다.

"난 학교 친구들부터 만나 볼게. 정민이가 누구한테 괴롭힘을 당하고 있었는지 알아봐야겠어."

그래서 철민이는 태양이와 함께 예전 학교 친구들을 만나기로 하고, 별이와 수리는 아파트 경비원과 주민들 중에 그날 피해자를 본 목격자가 있는지 알아보기로 했다.

별이와 수리는 정민이를 처음 발견한 경비 아저씨부터 만나 보았다.

"거기는 불량 학생들의 아지트 같은 곳이야. 해지고 어두워지면 서너 명씩 모여서 담배도 피고 싸움도 하고 그러더라고. 몇 번씩 쫓아내도 또 오고 또 오고 한다니까."

그러자 별이가 물었다.

"그럼 그날 피해자와 함께 있던 다른 사람들은 못 보셨어요?"

"봤으면 벌써 얘기했지. 그날은 아파트 입구를 청소하는 날이라 그쪽에 왔다 갔다 하다 보니 뒷길까지 신경 쓸 여유가 없었어. 그래서 순찰도 평소보다 늦은 시간에 돌았지."

"그럼 안내 방송 좀 해 주시면 안 될까요? 혹시 아파트 주민 중에 피해자를 본 사람이 있을지도 모르잖아요."

"그건 내 맘대로 할 수 없으니까 관리 사무소에 가서 소장님께 말씀드려 봐."

아이들은 곧바로 관리 사무소로 갔다. 소장이 대답했다.

"안 그래도 김 형사님이 부탁해서 아침에 한 번, 오후에 한 번, 벌써 두 번이나 방송했어. 그런데 아직까지 아무 연락이 없더라고."

"그럼 저녁때 한 번만 더 해 주세요. 집에 없어서 못 들은 분도 있을 수 있으니까요."

"그거야 어렵지 않지. 봤다는 사람 있으면 내가 얼른 연락해 줄게."

한편, 철민이와 태양이는 학교 친구, 박성민과 소지명을 만났다. 박성민이 말했다.

"내가 전에 그랬잖아. 5학년 돼서 도로 왕따 됐다고. 4학년 때야 너랑 같이 다니니까 놀아 준 거지. 정민이를 좋아한 건 아니었으니까."

소지명도 한마디했다.

"너도 알잖아. 한번 왕따는 영원한 왕따."

아이들 사이에 공공연하게 떠도는 말이다. 하지만 생각할수록 무서운 말이다. 그럼 왕따는 영원히 왕따로 살아야 한다는 말인가!

박성민이 다시 말했다.

"게다가 중학교 형들한테도 괴롭힘을 당하는 것 같더라."

철민이와 태양이는 귀가 번쩍 띄었다. 철민이가 물었다.

"형들? 어떤 형들?"

그러자 소지명이 대신 대답했다.

"너도 알잖아. 우리가 4학년 때에 6학년 선배였던 세 명. 이정석, 송민혁, 강수철."

맞다, 있었다. 만날 몰려다니며 말썽을 피우던 형들이었다.

"그 형들, 4학년 초에도 정민이 불러내서 괴롭히지 않았나?"

철민이의 물음에 박성민이 대답했다.

"맞아. 그래서 너랑 나랑 선생님한테 이르고 그랬잖아."

"그 형들이 중학교에 간 뒤로도 우리 학교 애들 돈을 빼앗고 그런다던데. 정민이도 몇 번 빼앗겼을걸."

소지명이 말했다.

그렇다면, 우선 그 형들이 어젯밤에 정민이와 함께 있었는지부터 알아내야 한다.

그사이 별이와 수리는 지나가는 아파트 주민들을 일일이 붙잡고 목격자를 찾았다. 하지만 정민이를 봤다는 사람을 찾을 수가 없었다. 시간은 벌써 오후 5시를 훌쩍 넘기고 있었다.

그런데 바로 그때였다. 관리 사무소 소장이 황급히 뛰어오며 아이들을 불렀다.

"애들아, 나왔어! 목격자가 나왔어!"

목격자가 나왔다고? 아이들은 곧바로 관리 사무소 소장이 말해 준 집으로 갔다. 사건 현장 앞에 있는 601동 203호. 초인종을 누르자 아주머니 한 분이 나왔다.

"아침 일찍 나갔다가 지금 들어왔는데, 막 방송이 나오더라고."

그러면서 어제 목격한 일을 이야기해 주었다.

"어제 저녁 8시쯤 설거지를 하고 있는데, 창문으로 담배 냄새가 솔솔 올라오더라고. 부엌 창이 뒷길로 나 있어서 그 밑에서 담배를 피우면 냄새가 우리 집까지 올라오거든. 내다보니, 아니나 다를까 아이들이 모여 있더라고."

"몇 명이었어요?"

별이가 물었다.

"네 명. 세 명이 한 아이를 둘러싸고 있었어."

"뭐 하고 있었는데요?"

이번엔 수리가 물었다.

"소리는 잘 안 들려서 그것까진 모르겠어. 그전에도 학생들끼리 모여서 담배 피는 걸 본 적이 있어서 경비 아저씨한테 알리려고 인터폰을 했는데 안 받는 거야. 그래서 할 수 없이 그냥 뒀지. 이런 일이 벌어질 줄 알았으면 나라도 내려가 볼걸."

그렇다면 세 명에게 둘러싸인 아이가 바로 정민이는 아니었을까?

"얼굴은 못 보셨어요?"

"다는 못 봤고, 두 명 정도는 얼핏 봤어."

별이가 철민이에게 전화했다. 철민이는 한정민의 사진과 중학교에 다니는 친구 형한테서 강수철, 송민혁, 이정석의 사진을 구해 왔다.

"혹시 이 학생들 아니었어요?"

아주머니는 사진을 자세히 살펴보더니 대답했다.

"다른 애들은 잘 모르겠고, 얘랑 얘는 분명히 봤어. 이 작은 애가 가운데 서 있었고, 둘러싼 세 명 중 한 명이 얘였어."

작은 애는 정민이고, 세 명 중 한 명이라고 가리킨 아이는 바로 이정석. 그렇다면 최소한 그 시간에 이정석은 정민이와 같이 있었던 거다.

수상한 선배들

곧바로 강수철, 송민혁, 이정석을 장평경찰서로 불렀다. 하지만 세 명은 모두 딱 잡아뗐다.

"정민이? 정민이가 누군데? 우린 그런 아이는 알지도 못해."

순간, 화가 머리끝까지 치민 철민이는 벌떡 일어나며 소리쳤다.

"알지도 못한다고요? 2년 전에도 시도 때도 없이 정민이 불러내서 때리고 그랬잖아요."

갑작스런 철민이의 태도에 모두 당황한 표정. 태양이가 말렸다.

"진정해, 철민아."

"내가 지금 진정하게 됐어? 초등학교 때 괴롭힌 것도 모자라서 중학교에 가서도 정민이를 때리고 돈까지 빼앗고 말이야. 이제 머리에서 피가 철철 나도록 때려 놓고도 모른다고? 정민이는 아직까지 의식도 안 돌아왔어요. 어떡할 거예요? 어떡할 거냐고요!"

그러자 이정석이 한층 주눅 든 말투로 말했다.

"어젠 정민이 얼굴 보지도 못했어. 정말이야."

그러자 별이가 낮지만 차가운 목소리로 말했다.

"목격자가 있어요. 어제 저녁 8시쯤 사건 현장에서 정민이랑 같이 있는 모습을 본 목격자가 있다고요."

순간, 사색이 된 아이들. 송민혁이 말했다.

"우린 그냥 몇 대 때리고 갔어. 정말이야."

이정석이 덧붙여 말했다.

"맞아. 그리고 머리는 때리지도 않았는데, 머리에서 왜 피가 나? 우리가 갈 때까지는 정말 멀쩡했어."

그때였다. 소란스러운 소리가 들리더니, 문이 벌컥 열리고 잔뜩 화가 난 아주머니 세 분이 들어왔다.

"죄 없는 애들을 데려다가 지금 뭐 하는 거야?"

"조그만 녀석들이 형사는 무슨! 경찰서장 나오라고 해. 당장!"

"우리 애가 그랬다는 증거 있어? 증거 있냐고!"

그런데 그때였다.

"먼저 저랑 얘기 좀 하시죠."

안 형사였다. 등장만으로도 순식간에 소란을 잠재웠다. 아주머니들은 안 형사를 따라나갔다.

"그날 피해자와 같이 있는 걸 본 목격자가 나타났어요. 그리고 아드

님들이 지난 몇 년간 피해자를 괴롭혔다는 증언들도 있었고요."

그러자 한 아주머니가 억울하다는 듯 말했다.

"같이 있었다고 해도 그렇지. 그렇다고 우리 애가 그 아이를 때렸다는 증거는 없잖아요."

"때렸다고 방금 자백을 했습니다."

모두들 조용. 안 형사가 말을 이었다.

"하지만 저 애들이 피해자의 두개골에 골절을 낼 만큼 때렸는지는 좀 더 조사해 봐야 합니다. 그러니 오늘은 그만 데려가도 좋습니다."

모두 돌아가자, 철민이는 억울해서 눈물이 나올 것 같았다. 안 형사가 철민이의 어깨를 두드리며 말했다.

"좀 더 확실한 증거가 필요해. 둔기가 뭐였는지 그것부터 찾아봐."

맞다. 흥분해서 될 일이 아니다. 절대 부인 못 할 증거가 필요하다.

학교로 돌아오는 길에 아이들은 병원에 들렀다. 그사이 정민이가 깨어났기를 간절히 바라면서. 그런데 가 보니, 철민이 엄마가 와 계셨다. 낮에 잠깐 집에 들렀을 때 정민이 사건에 대해 말씀드렸더니, 정민이를 보러 오신 것이다. 철민이 엄마는 철민이를 한쪽으로 불러 물었다.

"정민이네 형편이 어렵댔지?"

"네."

"알았어. 병원비는 걱정 마. 엄마가 알아서 할게."

큰 수술을 했으니 병원비도 만만치 않을 것이다. 철민이는 병원비에 대해 말씀드리기 전에 먼저 살펴 주신 엄마가 고맙고 자랑스러웠다.

범인은 누구?

다음 날 아침, 철민이는 다시 사건 현장에 갈 채비를 했다. 아무리 생각해도 사건 현장을 다시 둘러봐야겠다는 생각이 들었기 때문이다. 다른 아이들도 철민이와 같은 생각을 했는지 부르지도 않았는데 벌써 휴게실에 모여 있었다.

아이들은 현장에 도착하자마자 정민이가 쓰러져 있던 장소와 그 주변 풀숲 사이사이를 면밀히 살피기 시작했다. 그러나 어제 봤을 때와 마찬

가지로 둔기로 쓰였을 만한 것은 찾을 수 없었다.

"하기야 범행 도구를 사건 현장에 그냥 두고 갔을 리가 없지."

수리가 말했다. 그런데 바로 그때였다.

"어, 이런 게 왜 여기 떨어져 있지?"

정민이가 쓰러져 있던 곳에서 조금 떨어진 풀숲에서 뭔가를 찾아낸 강별. 그런데 보니, 골프공이다.

"피다! 피가 묻어 있어!"

피라고? 순식간에 모두 몰려들었다. 정말 골프공에 피가 살짝 묻어 있었다. 태양이가 이상하다는 듯 말했다.

"그럼 이 골프공을 정민이 머리에 던졌단 말이야?"

"골프공에 맞고도 그렇게 될 수 있나?"

철민이의 물음에 별이가 말했다.

"세게 던지면 가능하지 않을까?"

그러자 태양이가 다시 물었다.

"그런데 왜 그 형들이 골프공을 가지고 있었지?"

그때였다. 수리가 아파트를 올려다보며 중얼거리듯 말했다.

"혹시 저 위에서 떨어진 골프공이 정민이의 머리에 맞았다면?"

"골프공이 위에서? 에이, 그렇다고 두개골이 골절될 정도의 위력이 있을까? 돌도 아닌데."

철민이의 말에 잠시 생각하던 수리가 대답했다.

"아니, 가능해. 골프공은 무겁지는 않지만 아주 딱딱하잖아. 게다가 높은 곳에서 떨어졌다면 문제는 달라지지."

"높은 곳에서 떨어지면 어떻게 되는데?"

철민이가 물었다.

"지구상의 모든 물체에는 중력이 작용해. 중력이란 지구 위의 물체가 지구로부터 받는 힘이야. 그래서 모든 물체는 지구 중심으로 떨어지려고 하지."

"그래. 그래서 뉴턴이 사과가 떨어지는 것을 보고 '중력 법칙'을 발견했다는 이야기도 있지."

별이가 아는 척하자 수리가 말을 이었다.

"맞아. 그런데 물체는 힘을 받으면 속도가 점점 빨라지거나 느려지는 변화가 생겨. 운동하는 방향과 같은 방향으로 힘을 받으면 속도가 빨라지고, 반대 방향으로 힘을 받으면 느려지지. 이렇게 단위 시간에 대한 속도의 변화율을 '가속도'라고 하는데, 뉴턴은 물체에 힘이 가해지면 가속도가 생기고, 힘과 가속도는 비례한다는 법칙을 발표했어. 이것이 바로 '운동 제2법칙'이야."

뉴턴과 중력

영국의 물리학자이자 수학자였던 뉴턴은 어느 날 사과나무에서 사과가 뚝 떨어지는 것을 보았어. 순간, 뉴턴은 '사과는 왜 떨어질까? 왜 꼭 높은 곳에서 낮은 곳으로만 떨어질까?' 하고 궁금해했어. 뉴턴은 그 후 10년 동안 물체와 물체 사이에 작용하는 힘에 대해 연구했지. 그 결과, 지구는 지구 위의 모든 물체를 끌어당기는 힘, 즉 '중력'을 가지고 있다는 것을 알아냈지. 또 중력의 원리를 확장해 질량이 있는 모든 물체는 서로 끌어당긴다는 '중력 법칙'을 발표했어.

"그럼 중력을 받아 떨어지는 물체에도 속도 변화가 생기겠네."

태양이가 말하자 수리는 고개를 끄덕였다.

"응. 물체는 높은 곳에서 떨어질수록 중력을 받는 시간이 길어져. 그러면 가속도 때문에 그만큼 지면에 닿을 때의 속도가 커지지. 그런데 같은 물체라도 속도가 클수록 충돌했을 때 다른 물체에 가할 수 있는 충격의 크기가 커지거든."

"맞아. 살짝 던진 공에 맞았을 때보다 세게 던진 공에 맞았을 때 더 아프잖아. 속도가 크기 때문이지."

철민이도 아는 척을 했다.

"그러니까 작은 골프공도 높은 곳에서 떨어지면 속도가 커지기 때문에 충분히 둔기가 될 수 있단 말이네."

별이의 말에 태양이가 말했다.

"정말 그럴 수 있겠다. 사람의 머리는 피부 층이 얇고 약하거든. 게다가 얇은 두개골 밑에 뇌가 있기 때문에 충격을 받으면 두개골 골절이나 뇌진탕, 뇌출혈이 생길 수 있지."

그러자 철민이가 의문을 제기했다.

"그럼 누군가 일부러 골프공을 떨어뜨렸단 거야?"

"일부러 떨어뜨렸는지 실수였는지는 모르지만, 골프공이 높은 아파트에서 떨어졌다면 그것 때문에 두개골 골절과 뇌출혈이 일어날 가능성이 충분하다는 얘기야."

수리의 말을 들은 태양이가 말했다.

"일단 정민이의 피가 맞는지부터 확인해 보자. 그리고 지문이 남아 있을지도 모르니까 지문 감식도 해 보고."

아이들은 곧바로 학교로 돌아가 혈액 검사와 유전자 검사, 그리고 골프공에 묻어 있는 지문을 채취해 감식을 의뢰했다. 또 정민이의 CT 사진을 국립과학수사연구소에 보내 골프공에 맞아도 사진과 같은 두개골 골절이 일어날 수 있는지 알아봐 달라고 요청했다.

그런데 바로 그때였다. 철민이의 휴대 전화가 요란하게 울렸다.

"어, 병원인데!"

모두들 귀가 번쩍.

"네? 깨어났다고요? 정말이에요?"

정민이가 깨어났다는 기쁜 소식. 아이들은 한걸음에 병원으로 달려갔다. 정민이는 어머니께 전후 사정을 들었는지 철민이를 보자 눈물을 흘렸다.

"고마워, 양은 냄비. 너밖에 없다."

"그래. 그걸 이제 알았냐?"

"하하하."

이렇게 다시 함께 웃을 수 있으니, 정말 다행이다. 잠시 후 당시 상황에 대해 묻자 정민이가 대답했다.

CT란 무엇일까?

'CT'란 컴퓨터단층촬영(Computed Tomography)의 약자야. X선 발생 장치가 있는 원통 기계 안에 사람이 들어가면 360도로 회전하면서 우리 몸의 단면도를 찍는 기술을 말해. CT를 찍으면 인체를 가로로 자른 횡단면의 모습을 볼 수 있어. 보통 15~30초면 촬영이 가능하고, 10~20분이면 전신을 다 찍을 수 있어. 폐나 소화 기관, 뼈 등 거의 모든 장기의 촬영이 가능하지.

"형들이 자꾸 돈을 가져오라고 해서 몇 번 갖다 줬는데, 엄마가 고생해서 버는 돈을 그렇게 빼앗기는 게 너무 속상했어. 그래서 그날은 그냥 나갔더니, 돈을 안 가져왔다면서 때리더라고. 몇 대 맞고 나니 내가 너무 바보 같고 싫었어. 그래서 혼자 남아서 울고 있었는데, 갑자기 머리에 뭔가 딱 떨어지는 느낌이 나면서 머리가 깨질 듯이 아픈 거야. 그다음부터는 기억이 안 나."

그러니까 집단 폭행에 의한 두개골 골절은 아니라는 말. 그럼 머리에 떨어졌다는 것이 바로 골프공?

다음 날 아침, 안 형사가 아이들을 불렀다. 어제 의뢰한 감식 결과가 나온 것.

"골프공에 묻은 핏자국으로 혈액 검사와 유전자 검사를 한 결과, 정민이의 것으로 밝혀졌어."

"그럼 정말 골프공을 맞고 그렇게 됐단 말이에요?"

그럴지도 모른다고 생각하기는 했지만, 정말 황당한 일이 아닐 수 없다. 태양이가 물었다.

"CT 사진 분석한 건요?"

"골프공으로 인해 생긴 골절일 가능성이

있다는 소견이 나왔어."

"지문은요?"

별이가 물었다.

"나오긴 했는데, 지문 데이터베이스에는 일치하는 게 없었어. 등록이 안 된 것으로 봐서 어린아이의 것 같아."

"어린아이가 왜 골프공을?"

철민이가 이상하다는 듯 말하자 수리가 자신의 의견을 말했다.

"혹시 601동에 사는 아이가 골프공을 가지고 놀다가 창문 밖으로 떨어뜨린 게 아닐까?"

일리 있는 말이다. 아이들은 곧바로 601동 주민들을 조사했다. 그 결과, 12층에 사는 박무식이 골프 연습을 하는 것으로 밝혀졌다.

아이들은 박무식의 집으로 가서 골프공을 보여 주며 상황을 설명했다. 그러자 깜짝 놀라는 박무식.

"맞아. 그날, 애들이 골프공을 가지고 놀기에 위험하니까 그만두라고 했어. 그런데 그때 창문 밖으로 골프공이 떨어진 거야. 하지만 설마 그런 일이 벌어지리라고는 생각도 못 했어."

장난으로 떨어뜨렸든 실수로 떨어뜨렸든 골프공이 누군가를 크게 다치게 하거나 심지어는 사망에 이르게 할 수도 있다고 생각하니, 정말 소름이 끼쳤다. 박무식은 정민이의 치료비뿐 아니라 앞으로 있을지도 모를 후유증까지 끝까지 책임지겠다고 약속했다.

예상치 못한 결과였지만 철민이는 참 다행이라는 생각이 들었다. 정민이를 괴롭힌 형들이 밉긴 했지만 그렇다고 그들이 범인이기를 바란 건 아니었기 때문이다. 여하튼 정민이 사건은 집단 폭행이 아닌 단순 사고로 결론이 났다.

안 형사의 비밀

그날 오후. 박 교장과 어 형사, 그리고 정 형사는 정민이를 보러 병원에 갔다. 아이들 얘기를 듣고 그냥 있을 수가 없었기 때문이다. 안 형사도 데려가려고 찾았으나, 어딜 갔는지 보이지 않았다.

그런데 막 병실로 들어가려는데, 이게 누군가? 안 형사가 아닌가! 게다가 정민이의 두 손을 꼭 잡고 뭔가 심각한 이야기를 하는 분위기.

"어, 안 형……."

눈치 300단, 코치 300단, 도합 600단을 자랑하는 어 형사가 눈치코치 없게 아는 척을 하며 들어가려는 걸 정 형사가 얼른 막았다. 아무래도 분위기가 좀 이상했기 때문이다.

"잠깐 내려가 계세요. 안 형사가 나오면 제가 문자 보낼게요."

"그럴까?"

박 교장과 어 형사가 먼저 가고 정 형사는 조심스레 문을 닫으려 했다. 그런데 바로 그 순간, 안 형사의 목소리가 들렸다.

"사실 나도 초등학교 다닐 때 왕따였어."

정 형사는 제자리에 그대로 얼어붙었다. 안 형사의 말이 계속 들려왔다.

"언제나 또래 아이들보다 크고 뚱뚱했기 때문이지. 하기야 이름 때문에도 놀림을 많이 받았어. 미인이 아니라서 안미인이냐, 뚱뚱하니까 안날씬이라고 하라는 둥. 하하하."

안 형사가 웃자 정민이도 따라 웃었다.

"그때는 정말 학교 가기 싫더라. 친구들이 밉고 또 무서웠지. 그런데 어느 날 체육 선생님이 역도를 해 보라고 하시는 거야. 그래서 그냥 별생각 없이 시작했는데, 막상 해 보니 재미있더라고. 그래서 더 열심히 연습했지. 그리고 아이들이 놀릴 때마다 '난 꼭 훌륭한 역도 선수가 돼서 올림픽에 나가 금메달을 따야지. 그때 가서 아는 척만 해 봐라.' 하면서 마음을 다잡았어. 그렇게 열심히 노력한 덕분에 전국 체전에 나가서 상을 타니까 나를 놀리는 아이들이 점점 줄어드는 거야. 그러다 보니 자신감도 붙었지."

안 형사는 계속 말을 이었다.

"지금 생각해 보니까 그때는 자신감이 없었던 거 같아. 내가 정말 소중하고 멋진 사람이라는 자신감 말이야."

정민이는 고개를 끄덕였다.

"철민이가 그러더라. 너한테도 멋진 면이 아주 많다고. 책도 많이 읽고 아는 것도 많고, 또 철민이와는 다르게 아주 신중하다고. 그러니까 이제 자신감을 가져. '난 멋지고 소중한 아이다. 다른 아이들이 아직 잘 모르고 있을 뿐이다.' 그렇게 생각하고 행동하다 보면 반드시 널 알아주는 사람들이 나타날 거야. 아니지, 벌써 있네. 철민이하고 나, 둘이나 있잖아."

정민이는 눈물을 뚝뚝 흘렸다. 안 형사는 정민이의 두 손을 꼭 잡아 주었다.

본의 아니게 안 형사의 이야기를 듣게 된 정 형사. 이상하게 안 형사와 한층 가까워진 느낌이 들었다.

아이들도 이번 사건을 통해 많은 것을 느꼈다. 솔직히 별이는 요즘 들어 자꾸 왕따가 된 느낌이 들었다. 새로 들어온 아이들에게 쌀쌀맞게 굴어서인 것도 안다. 하지만 자꾸 쓸데없는 자존심이 고개를 들었다.

태양이도 마찬가지. 정민이의 처지가 남의 일 같지 않았다. 새로 어린이 형사 학교에 들어온 아이들에게도, 'CSI' 아이들에게도 완전히 동화되지 못하고 있다는 생각에 매일 힘들었다. 다행히 소풍을 갔다 오고, 운동이와 화산이가 재시험 보는 것을 도우면서 다른 아이들과는 많이 친해졌다. 하지만 별이와는 아직 먼 느낌.

하기야 어쩌면 이 시대를 사는 아이들 모두가 '왕따 공포증'에 사로잡혀 있는지도 모른다. 그러다 보니, 자신이 왕따가 되지 않기 위해 다른 누군가를 왕따시키고 있는 것은 아닐까? 다시 한 번 깊이 생각해 봐야 할 일이다.

저녁때, 정민이의 병실에는 예상치 못한 손님들이 찾아왔다. 바로 강수철, 송민혁, 이정석. 자신들의 행동이 정민이와 다른 아이들에게 깊은 상처를 입혔다는 것을 이제야 깨달은 것이다. 세 명은 미안하다는 말과 함께 굵은 눈물을 흘렸다.

 ## 수리가 들려주는 사건 해결의 열쇠

집단 폭행으로 벌어진 줄 알았던 사건이 아파트에서 떨어진 골프공 때문임을 밝혀낸 것은 바로 중력과 물체의 속도, 충돌할 때의 충격의 크기에 대해 잘 알았기 때문이야.

💡 떨어지는 물체에 작용하는 힘

공을 들고 있다가 받치고 있는 손을 빼면 어떻게 될까? 공은 곧바로 땅에 떨어지지?

멈춰 있던 공이 움직이기 시작한 이유는 힘이 작용했기 때문이야. 바로 지구가 물체를 끌어당기는 힘, 즉 '중력' 때문이지. 지구상에 있는 모든 물체에는 지구 중심 방향으로 끌어당기는 중력이 작용해. 그래서 중력만큼 떠받쳐 주지 않으면 곧바로 떨어져 버리지.

배구공을 들었을 때   볼링공을 들었을 때

〈물체의 질량과 중력의 크기〉

이때 중력의 크기는 물체의 질량에 비례해. 그래서 무거운 물체일수록 들어올리기가 더 힘들지. 질량이 클수록 더 큰 중력이 작용하니까, 물체를 들어올리기 위해서는 그만큼 더 큰 힘이 필요하기 때문이야.

힘과 속도의 변화

물체에 힘이 작용하면 물체의 속도는 어떻게 될까?

물체에 작용하는 힘은 물체의 속도를 변화시켜. 힘을 많이 가할수록 속도는 더 많이 변하지. 자전거를 탈 때 힘을 다해 페달을 빨리 돌리면 자전거의 속도가 빨라지는 것도 같은 이유야.

이렇게 어떤 물체에 힘이 작용했을 때 일정한 시간 동안의 속도 변화율을 '가속도'라고 해. 힘을 많이 가할수록 가속도가 커지므로 힘과 가속도는 비례한다고 할 수 있지. 이를 '뉴턴의 운동 제2법칙'이라고 해.

중력도 힘이니까 가속도를 생기게 해. 예를 들어 높은 곳에서 공을 떨어뜨리고 연속해서 사진을 찍어 보면 같은 시간이라도 공이 바닥에 가까워질수록 떨어지는 간격이 커지는 것을 볼 수 있어. 같은 시간 동안 움직인 간격이 커졌다는 것은 그만큼 속도도 커졌다는 뜻이지.

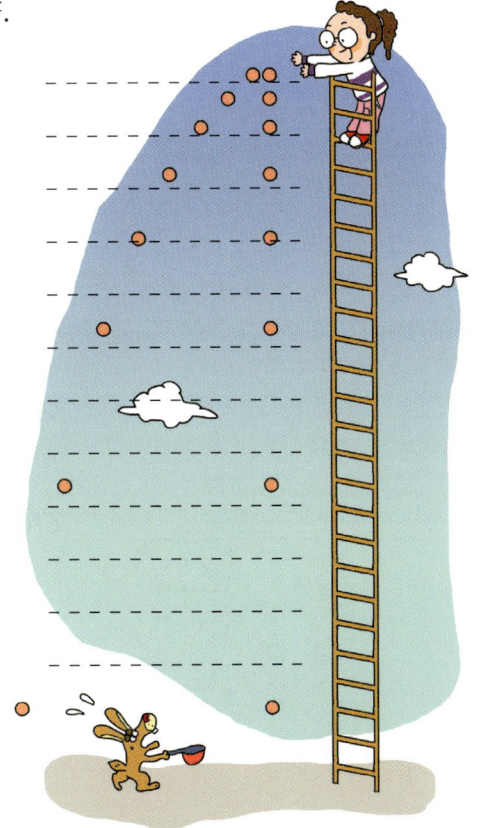

〈자유 낙하 운동과 속도의 변화〉

💡 물체의 속도와 충격의 크기

친구와 야구공 받기 놀이를 한다고 생각해 봐. 친구가 살짝 던진 공을 받았을 때에는 손이 아프지 않아. 그런데 공을 세게 던졌을 때에는 어떨까? 공을 받은 손이 아플 거야.

그런데 왜 똑같은 야구공을 받았는데도 그 충격의 크기가 다를까? 이유는 친구가 던진 야구공의 속도 때문이야. 야구공의 속도가 다르면 공을 받았을 때 충격의 크기도 달라지기 때문이지.

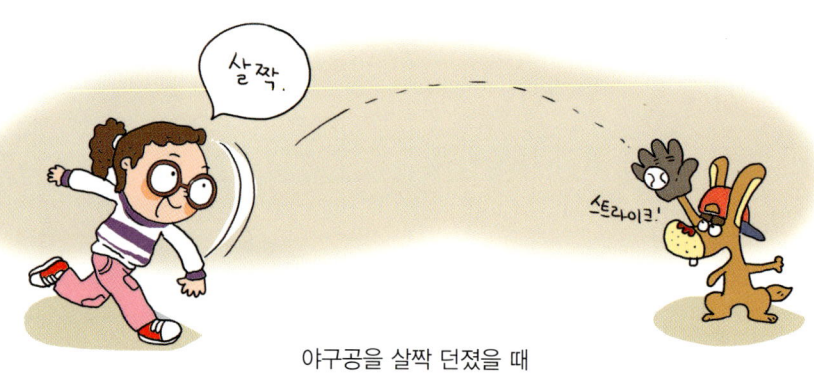

야구공을 살짝 던졌을 때

야구공을 세게 던졌을 때

〈속도의 변화와 충격의 크기〉

높이가 다른 두 곳에서 공을 떨어뜨려 보면 좀 더 확실히 알 수 있어. 10층 높이와 1층 높이에서 각각 공을 떨어뜨리고 흙바닥에 생긴 홈을 관찰해 보면, 10층 높이에서 공이 떨어졌을 때 홈이 훨씬 깊게 파이는 것을 볼 수 있어. 그만큼 충격이 컸다는 얘기지.

다시 말해 작은 물체라도 높은 곳에서 떨어지면 속도가 커지기 때문에 큰 충격을 줄 수 있어.

그러니까 생각해 봐. 정민이의 두개골을 골절시키고 뇌출혈을 일으킨 둔기를 찾던 중 골프공을 발견했어. 그리고 **골프공처럼 딱딱하고 작은 물체도 높은 곳에서 떨어지면 큰 속도를 갖게 되고, 그만큼 큰 충격을 줄 수 있음을 알았지.** 이런 사실을 바탕으로 정민이가 집단 폭행이 아니라 높은 아파트 창문에서 떨어진 골프공에 맞아 다쳤다는 것을 밝힐 수 있었지.

핵심 과학 원리 | 소화 기관

사건2

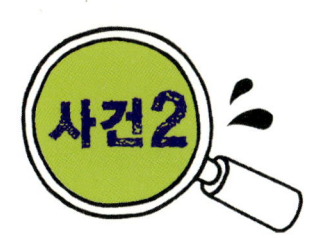

수상한 점심 약속

아이들은 기장남과 함께 회사로 가서 비서를 만났다.

“11시 반쯤 점심 약속 있다고 하시기에 기사를 대기시키려고 했더니, 사장님께서 그냥 두라고 하셨어요. 그러고는 혼자 나가셨어요.”

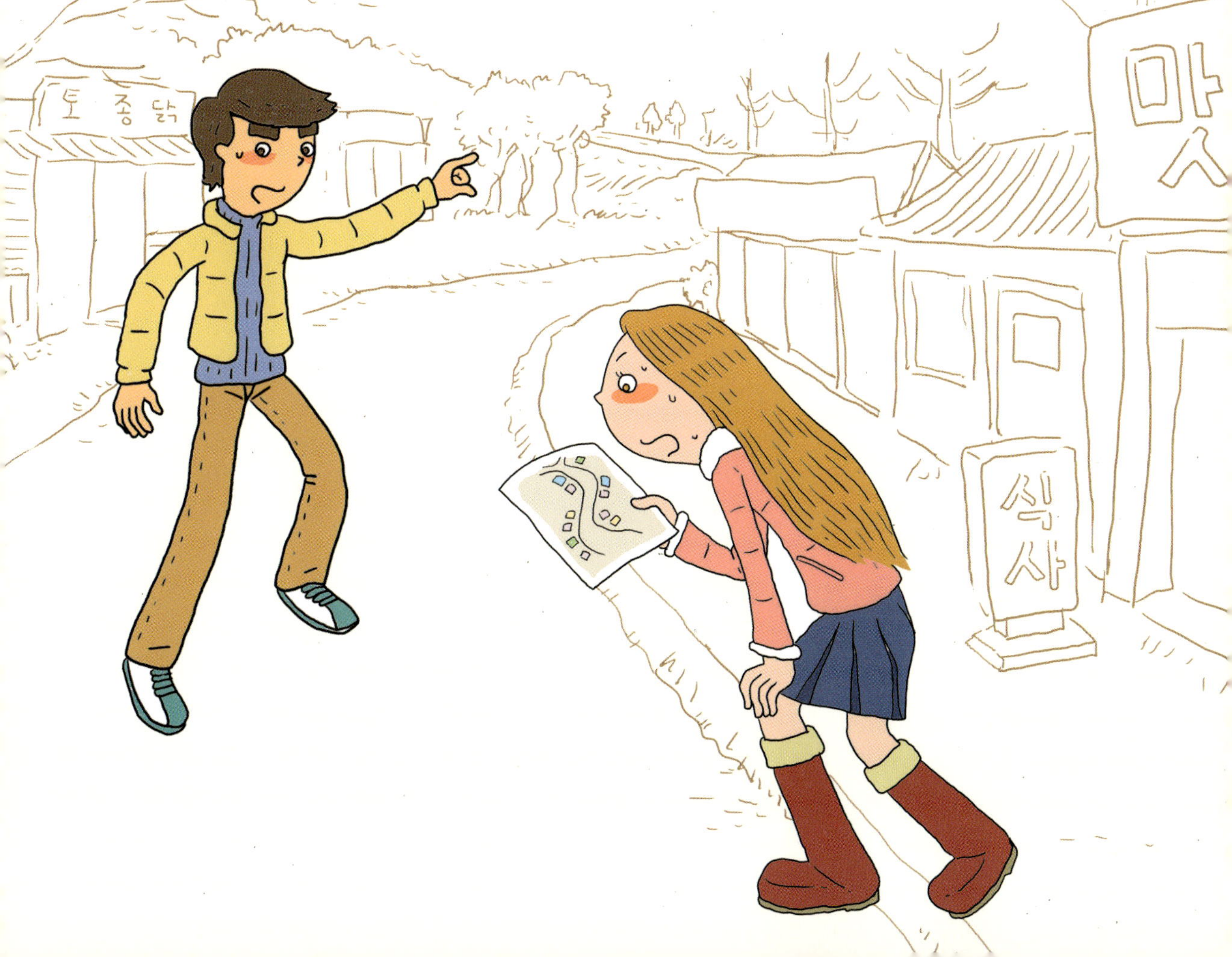

 # 괴로운 CSI

드디어 방학식이 끝나고 아이들은 이제 집에 갈 수 있게 되었다. 주말에 집에 갈 때와는 또 다른 기쁨이라고나 할까?

모두들 잔뜩 들뜬 마음에 짐을 싸느라 정신이 없었다. 서로 빌려 주고 얻어 쓰다 보니, 어디론가 사라진 물건도 많고 여기저기 뒤섞인 것들도 많았다. 기숙사가 들썩일 정도로 한참을 시끌벅적하고 나서야 모두 짐을 챙길 수 있었다.

그런데 바로 그때였다. 어 형사가 오더니 물었다.

"짐 다 챙겼니?"

"네!"

들뜬 기분만큼 목소리도 힘찼다.

"그래? 그럼 남우, 운동이, 화산이, 원소는 집에 가도 좋다."

가만, 그럼 나머지는? 철민이가 물었다.

"저는요?"

"어, 철민이랑 별이, 수리, 태양이는 짐 다시 방에 갖다 둬라."

헉! 이게 무슨 소린가? 짐을 다시 방에 갖다 두라니!

"왜요? 무슨 일이에요?"

"무슨 일은, 사건이지."

당연하다는 듯 대답한 사람은 안 형사였다. 100미터 밖에서도 알아

볼 수 있다는 '100미터 안 형사'. 그런데 오늘은 어째 이렇게 조용히 왔을까? 그나저나 지금은 그게 중요한 게 아니다.

"사건이라고요?"

아이들이 동시에 물었다. 놀라운 마음 반, 실망한 마음 반.

"그래. CSI는 짐 다시 방에 놓고 모여."

이 무슨 청천벽력 같은 소리인가!

"야호! 그럼 수고해."

"캠프 때 보자."

남우, 운동이, 화산이 그리고 원소까지 순식간에 사라져 버리고 나니, 남은 네 명은 더 속상했다.

"잉~. 엄마가 내가 제일 좋아하는 갈비 해 놓는다고 하셨는데……. 갈비야, 내 갈비야~."

철민이는 목 놓아 갈비를 외치고, 수리와 별이도 잔뜩 실망한 표정. 그래도 태양이만큼 실망스러울까!

어린이 형사 학교에 입학한 날부터 계속 긴장감 속에 살다 보니, 태양이는 방학식이 끝나자 정말 날아갈 것 같은 기분이었다. 혼자 계신 엄마도 보고 싶고, 또 공부고 수사고 뭐고 다 잊고 정말 오랜만에 편안히 잠을 자고 싶었는데…….

하지만 어쩌랴! 우리는 'CSI'이니, 명령에 복종할 수밖에 없다. 아이들은 짐을 다시 갖다 두고 교장실로 갔다. 어 형사가 사건 브리핑을 시작했다.

"오늘 새벽에 경기도에 위치한 운지산에서 변사체가 발견됐다. 이름은 기업인, 54세. 등산객이 산에 오르다 볼일이 급해 숲 쪽으로 들어갔다가 발견했는데, 목이 졸린 흔적이 있는 것으로 봐서 살해된 것으로 보인다. 시신은 부검에 들어간 상태다."

이어서 안 형사가 덧붙여 설명했다.

"지갑과 휴대 전화가 그대로 있는 걸로 봐서 돈을 노린 강도의 소행은 아닌 것 같다. 현장에 가 보고, 피해자 가족도 만나 보도록."

안 형사가 명령을 내리자 박 교장이 말했다.

"집에 못 가서 서운하니?"

"네!"

아니라고 말하고 싶었지만, 차마 그럴 수가 없었다. 그러자 어 형사가 약을 올렸다.

"그럼 빨리 해결하고 가. 그러면 되겠네."

누가 그걸 모르나. 그러고 싶은 마음은 굴뚝같지만 그게 어디 마음대로 되는가!

"내가 너희를 위해 피해자의 휴대 전화 통화 기록은 찾아봐 주지."

어 형사가 인심 쓰듯이 말했다. 하지만 그게 어딘가. 오늘만큼은 정말 괴로운 'CSI'다.

수상한 점심 약속

아이들은 곧바로 현장으로 출동했다. 서울과 경기도의 경계를 지나자마자 나오는 운지산은 서울에서 가깝고 그리 높지 않아 등산객들이 많이 찾는 산이다.

산 입구를 향해 걸어가다 보니, 길 양쪽으로 각종 음식점들이 즐비하게 늘어서 있었다. 또 마침 점심때라 그런지 음식점마다 꽤 많은 사람들이 몰려 있었다.

그렇게 길을 따라 한 1km쯤 올라가자 산 입구가 나왔다. 등산로를 따라 100m쯤 더 올라가 사건 현장에 도착했다. 그곳은 등산로에서 조금 벗어나 있는 공터.

길에서는 나무에 가려 잘 안 보였지만, 옆으로는 계곡이 흐르고 나무에 둘러싸인 것이 꽤 운치가 있었다.

"몸싸움이 있었던 것 같은데."

여기저기 흙이 패어 있고 풀이 누워 있는 것을 보고 별이가 말했다.

"그럼 싸우다가 홧김에 목 졸라 살해한 게 아닐까?"

철민이가 의견을 내놓았다. 아무래도 그런 듯.

"그런데 왜 여기까지 와서 싸웠을까?"

수리의 물음에 아이들도 고개를 갸우뚱했다. 아이들은 단서가 될 만한 작은 증거라도 놓치지 않으려고 눈을 부릅뜨고 찾았으나, 별다른 걸 발견하지는 못했다.

아이들은 경찰서로 가서 기업인의 아들인 기장남을 만났다. 기업인은 가공 식품을 생산하는 중소기업 '미래로'의 사장. 아들 기장남은 그 회사 전무라고 했다.

갑작스런 부친의 사망 소식에 기장남은 넋이 나간 표정.

"퇴근할 때 방에 들렀는데 안 계시더라고. 그래서 비서한테 물어봤더니, 점심 약속이 있다며 나가셔서 안 들어오셨다는 거야. 차도 두고 혼자 가셨다고 하니 이상해서 휴대전화로 전화를 했는데 안 받으셨어. 그래서 걱정하고 있었는데, 이렇게 되실 줄은 정말 꿈에도 몰랐어. 흑흑흑."

아이들은 기장남과 함께 회사로 가서 비서를 만났다.

"11시 반쯤 점심 약속 있다고 하시기에 기사를 대기시키려고 했더니, 사장님께서 그냥 두라고 하셨어요. 그러고는 혼자 나가셨어요."

별이가 물었다.

"누구랑 약속이 있었는지도 모르시고요?"

"그것까지는 말씀 안 하셨어. 아, 맞다. 어제 아침 11시쯤 어떤 여자분이 전화해서 동창이라고 하시기에 바꿔 드렸는데, 잠시 후에 사장님께서 나오셔서 '원 사장이 전화하면 바꾸지 말라고 그랬지?' 하시면서 화를 내셨어."

그러자 듣고 있던 기장남이 갑자기 소리를 버럭 질렀다.

"뭐야? 원 사장이 또 전화했어?"

갑자기 화를 내다니, 도대체 원 사장이 누굴까? 비서는 잔뜩 겁먹은 표정으로 대답했다.

"그 여자분이 동창이라고 하시기에……."

"하 참! 이젠 별 거짓말을 다 하는군. 가만, 그럼 아버지가 원 사장 만나러 가신 거야?"

"그건 잘 모르겠어요. 30분쯤 후에 다시 나오셔서 점심 약속에 가신다고……."

철민이가 궁금증을 참지 못하고 물었다.

"원 사장이라는 분이 누군데요?"

"원 사장? 그, 그건 왜?"

한참 화를 내다가 철민이의 질문에 흠칫 놀라는 기장남. 정말 원 사장이라는 사람과 뭔가 관련 있나 보다.

"현재로 봐서는 피해자와 마지막으로 통화한 사람인 것 같아서요."

기장남은 잠시 심각한 표정을 짓더니 원 사장에 대해 말해 주었다.

"6개월 전까지 이 회사의 사장이었던 사람이야."

이름은 원한식. 기업인 사장과는 친구 사이이며, 20년 전에 같이 동업해서 '미래로'를 키운 사람. 그런데 3년 전부터 원 사장이 주력 사업인 식품 외에 호텔, 의류 사업에 진출해 문어발식으로 사업을 키우는 바람에 결국 6개월 전, 회사는 부도 위기에 처했단다.

결국 이사진이 그를 해임하고 기업인을 사장으로 세웠다는 것이다.

"그 일로 원 사장이 충격을 받고 쓰러졌다가 한 달 전쯤에 정신을 차렸다던데, 그 뒤로 시도 때도 없이 협박 전화를 걸고 회사에 사람을 보내 난동을 부렸어."

"왜요? 자기가 잘못해서 경영권을 잃어버린 거잖아요."

별이의 말에 기장남은 황당하다는 듯 대답했다.

"그러게 말이야. 그런데도 그게 모두 아버지가 꾸민 일이라며 경찰에 고발하겠다는 거야. 그러고 보니, 아버지를 해칠 사람은 원 사장밖에 없어. 분명해."

그런데 바로 그때였다.

"아이고~, 기 전무님. 이게 어찌된 일이에요? 흑흑흑."

나이 지긋한 아저씨. 아마 회사 사람인 듯했다. 기장남이 물었다.

"강 상무님은 아버지가 어제 누굴 만나러 가셨는지 모르세요? 누구랑 점심 약속이 있었는지요."

그러자 그는 놀란 표정으로 되물었다.

"점심 약속? 점심 약속 있다고 하시고 나가셨대요?"

"네."

"아니요, 몰라요. 저한테는 아무 말씀도 없으셨어요."

알고 보니, 그는 회사 상무인 강효식. 강 상무는 갑자기 뭔가 생각난 듯 기장남에게 작은 소리로 말했다.

"가만, 혹시 원 사장이……?"

기장남이 얼른 대답했다.

"그런 거 같죠? 어제 아버지가 나가시기 전에도 전화를 했대요."

"이런, 이런! 어쩌다 이런 일이!"

기장남뿐 아니라 강 상무까지 원한식을 범인으로 의심하는 듯. 그렇다면 원한 관계에 의한 살인이라는 말인가?

아이들은 일단 원 사장을 만나 보기로 했다.

원한 많은 원한식

그런데 원한식의 집으로 찾아가 기업인의 사망 소식을 전하자, 원한식은 상당히 놀라는 눈치였다.

"뭐라고? 기, 기업인이 죽었다고? 어디서, 어떻게?"

정말 몰라서 묻는 건지 아니면 알고도 모른 척하는 건지? 아이들은 원한식을 유심히 살폈다. 별이가 먼저 물었다.

"지금 수사하는 중입니다. 그런데 어제 오전 11시쯤 기 사장님께 전화를 하셨다고 하던데요. 맞나요?"

"저, 전화? 그, 그랬지……."

말끝을 흐리는 원한식. 그러고는 뭔가 눈치를 챘는지 얼른 부인하고 나섰다.

"난 이번 사건과 아무 관련이 없어. 그냥 전화만 했을 뿐이야. 나를 봐! 6개월 전에 충격받고 쓰러져서, 정신 차린 지 한 달밖에 안 됐어. 아직 제대로 걷지도 못한다고."

그러면서 자신이 앉아 있는 휠체어를 가리켰다.

"6개월 전 일에 대해서 좀 더 자세히 말씀해 주실래요?"

별이의 말에 원한식은 잠시 생각하더니 입을 열었다.

"내가 사업을 확장하는 과정에서 좀 무리를 하기는 했어. 하지만 부도가 날 정도는 아니었지. 이 모든 일은 기업인이랑 기장남이 나를 사장 자리에서 몰아내려고 꾸민 일이야."

원한식의 주장에 의하면, 기업인과 기장남이 회사 돈을 몰래 빼돌려 차명 계좌를 만들었다. 그러고는 그 돈으로 다시 회사 주식을 사들이는 파렴치한 방법으로 경영권을 확보했다는 것.

그렇다면 서로가 전혀 다른 주장을 펼치고 있는 것이 아닌가. 아이들은 그 일에 대해서 좀 더 자세히 알아봐야겠다는 생각이 들었다.

"회사에 협박 전화를 여러 번 거셨고, 또 사람을 시켜 난동을 부렸다고 하던데요."

수리가 묻자 원한식은 펄쩍 뛰며 부인했다.

"무슨 소리야? 협박 전화라니! 내가 지금 증거를 수집하고 있고, 곧 경찰에 고발하겠다는 말을 해 주려고 했을 뿐이야. 그런데 제대로 듣지도 않고 자꾸 전화를 끊으니까 사람을 보낸 거지."

그러니까 좋게 말하면 미리 알려 주려는 의도였다지만, 결국 협박 전화가 아니고 또 무엇이겠는가. 이번엔 태양이가 물었다.

"어제 비서실에 전화를 건 사람은 여자분이었다던데, 누구죠?"

"우리 집사람."

"그럼 전화 끊고 나서 뭐 하셨어요?"

"뭐 하긴. 이 꼴로 나다니지도 못하고 하루 종일 집에 있었지. 오후에는 고문 변호사가 와서 이 일에 대해 의논했어. 아, 변호사에게 물어보면 내 알리바이가 증명되겠군."

알리바이까지 확보되어 있다는 말. 아이들은 왠지 자꾸 의심이 갔다. 휠체어에 앉아 있지만 정말 걸을 수 없는지도 궁금했다. 아이들은 원한식에 대해서 좀 더 자세히 알아보기로 했다.

아이들은 학교로 돌아가 안 형사에게 조사한 내용을 보고했다. 안 형사가 명령했다.

"일단 피해자가 회사에서 나간 이후의 목격자가 있는지부터 찾아봐. 6개월 전 사건이랑 원한식에 대해서는 내가 자세히 알아볼게."

어 형사가 이어서 말했다.

"자, 기다리고 기다리던 부검 결과가 나왔다. 사망 시간은 어제 오후 1시에서 2시 사이. 예상대로 목이 졸려 살해된 것으로 밝혀졌고, 얼굴과 가슴 등에 멍이 있는 것으로 봐서 사망 전에 몸싸움이 있었던 것으로 보인다. 그리고 다행히 손톱에서 체세포가 발견되었다."

"체세포요?"

아이들이 동시에 물었다. 체세포란 생식 세포를 제외한 동식물의 모든 세포를 말한다. 체세포가 발견됐다면 유전자 검사를 할 수 있다는 얘기. 만약 검사 결과 피해자의 유전자가 아니라면, 그것은 범인의 것일 확률이 높다. 피해자와 범인이 몸싸움을 하는 와중에 남은 것일 가능성이 크기 때문이다. 그러니 모두 솔깃해질 수밖에.

"그리고 유전자 검사 결과, 피해자의 것이 아님이 밝혀졌다."

"와!"

모두들 좋아서 박수를 쳤다.

"뭐야? 좋아하기는 아직 이른 거 아냐?"

안 형사가 핀잔을 주었다.

"현재 가장 유력한 용의자인 원한식의 유전자 검사를 해 보면 되잖아요. 만약 유전자가 일치하면 그 사람이 바로 범인, 헤헤헤."

정말 환상의 시나리오다. 철민이의 말에 어 형사가 말했다.

"물론 그렇지. 하지만 원한식이 하려고 할까? 심증만 있지 물증은 전혀 없는데 억지로 유전자 검사를 받게 할 수는 없는 일이지."

그러자 별이가 말했다.

"일단 제가 한번 말해 볼게요. 진짜 범인이 아니라면 자신의 무죄를 증명하기 위해서라도 검사를 하겠다고 나설 거예요."

"그런데 유전자 검사 결과 원한식의 것이 아니라면 어쩌지? 그럼 무고죄로 고소할지도 몰라."

안 형사의 말이 맞다.

유전자 검사란?

기다란 줄사다리가 꼬여 있는 것처럼 보이는 'DNA'는 우리 몸의 모든 세포에 들어 있어. DNA에는 유전자 정보가 들어 있는데, 이를 '유전자'라고 부르지. 한 사람의 세포 속에 들어 있는 DNA는 모두 똑같기 때문에 몸에서 떨어져 나온 핏자국, 머리카락, 털, 땀, 침, 콧물, 체세포 등이 아주 적은 양만 있어도 유전자 검사가 가능해. 주로 사람에 따라 큰 차이가 나는 13군데의 '유전자 표지'를 검사해서 유전자가 일치하는지 아닌지를 알아내지.

하지만 그렇다고 범인을 잡을 수 있는 이 좋은 기회를 놓칠 수는 없지 않은가. 별이가 말했다.

"제가 잘 말해 볼게요."

아이들은 다시 원한식의 집으로 갔다. 그리고 별이가 상황을 설명한 후 물었다.

"어떠세요? 해 보실래요? 범인이 아님을 증명할 수 있는 아주 좋은 기회인데."

별이의 논리적인 설득에 원한식은 검사에 응했다. 태양이는 채취 키트를 이용해 원한식의 입천장을 긁어 체세포를 채취했다. 피해자에게 깊은 원한을 품고 있는 원한식. 정말 그가 범인일까, 아닐까?

기장남의 거짓말

아이들은 혹시 몰라 원한식의 주치의를 찾아가 그의 몸 상태에 대해 물었다.

"기적 같은 일이었지. 꼭 일어나겠다는 의지가 있었던 거 같아."

"아직 제대로 걷지 못한다고 하시던데요."

별이의 말에 주치의는 고개를 끄덕였다.

"집 안에서 조금씩 다니는 정도지. 그래도 재활 치료를 열심히 받고 계시니까 좋아지실 거야."

그렇다면 원한식은 범인이 아닐 확률이 높아졌다. 게다가 선뜻 유전자 검사에 응한 것도 그 증거가 아닐까?

"아직까진 그가 무죄라는 증거는 없어. 다른 사람을 시켰을 가능성도 있잖아. 아, 맞다! 기장남이 그랬잖아. 회사에 사람을 보내 난동을 부렸다고. 그 사람들일 수도 있겠다."

태양이의 말에 철민이가 동의했다.

"맞아. 아직 걷는 것도 힘든데 직접 나서진 않았을 거야. 누군가를 시켰을 가능성이 더 높지. 그렇다면 피해자 손톱에서 발견한 체세포에서 원한식의 유전자가 나올 확률은 오히려 낮은 거네."

"일단 감식 결과를 기다려 보자."

별이의 말에 수리가 덧붙였다.

"그럼 그사이 목격자도 더 찾아보고, 난동 부렸다는 사람들이 누군지도 알아보자."

아이들은 다시 회사로 갔다. 이미 사장의 사망 소식이 전해져서 그런지 회사 안의 분위기가 뒤숭숭했다. 먼저 태양이와 철민이는 로비로 가서 경비 아저씨들을 만났다.

"나가시는 걸 보긴 했지. 사장님 내려가신다고 비서실에서 연락이 왔어. 그래서 얼른 대기하고 있다가 현관문을 열어 드렸지. 그런데 차가 없는 거야. 당황해서 기사한테 전화하려고 했더니, '됐네. 들어가 보게.'라고 하시더라고."

"원한식 사장님이 사람을 보내 난동을 부린 적이 있다고 하던데요?"

"난동? 난동까지는 아니었어. 지난주 목요일인가? 원 사장님의 조카 둘이 왔더라고. 원 사장님은 아들이 없거든. 그전에 원 사장님이 계실 때도 몇 번 왔던 사람들이야."

"그래서요?"

"사장님을 만나게 해 달라는 거야. 그래서 인터폰으로 비서실에 연락했더니, 사장님이 안 계신다고 하라더라고. 할 수 없이 그랬지. 그런데도 제발 좀 사장실에 올라가게 해 달라고 통사정을 하는데, 그런 걸 내 맘대로 할 수 있나. 잘못하다가는 내 목이 날아갈 게 뻔한데."

아까 기장남은 분명히 난동을 피웠다고 했다. 그런데 경비 아저씨의

말은 좀 다르다. 아이들은 이상한 생각이 들었다. 그사이 별이와 수리는 기업인 사장의 기사를 만났다.

"점심시간이 다 됐는데도 대기하라는 비서의 전화가 없어서 내가 전화를 했어. 그랬더니 벌써 나가셨다는 거야. 그래서 나도 점심 먹고 와서 퇴근하실 때까지 기다렸지. 그런데 퇴근 시간이 지나도 아무 연락이 없더라고. 또 이상해서 비서실에 전화했더니 아직 안 들어오셨다는 거야. 혹시나 해서 9시까지 기다렸다가 그냥 퇴근했지."

"최근에 사장님이 만난 분들 중에 혹시 의심 가는 사람은 없었나요?"

별이의 물음에 기사가 대답했다.

"나는 잘 모르지. 난 그냥 사장님이 가시겠다는 곳에 모셔다 드리고 모셔 오고 하니까."

수리가 물었다.

"그럼 이번처럼 차를 안 타고 혼자 가신 경우가 또 있었나요?"

"아니, 없었어."

도대체 누굴 만나러 갔기에 차도 안 타고 혼자 갔단 말인가? 아무에게도 말하지 않고 비밀리에 만나야 할 사람이 도대체 누구일까?

아이들은 한참을 회사 사람들과 주변 상가 사람들을 상대로 목격자를 찾았지만 별 소득이 없었다.

"일단 기업인이 스스로 나간 건 분명해. 다른 사람에게 알리지 않았으니까."

태양이의 말에 별이가 까칠하게 말했다.

"협박을 받았을 수도 있지."

태양이 말에는 언제나 까칠하게 반응하는 별이. 태양이는 기분이 안 좋았다.

기분이 안 좋은 건 다른 아이들도 마찬가지였다. 집에 간다는 생각에 잔뜩 들떠 있었는데 갑자기 사건을 맡았으니, 아무리 사건 해결하는 걸 좋아하고 'CSI'로서 자부심이 크다 하더라도 이번엔 시작부터 기운이 빠졌다. 게다가 빨리 사건을 해결하고 집에 가고 싶은데, 시간이 갈수록 미궁 속으로 빠져드니, 이를 어쩐단 말인가.

그런데 그때 안 형사가 전화를 걸어 학교로 돌아오라고 했다. 학교에 도착하니 먼저 어 형사가 말했다.

"휴대 전화 통화 기록에도 별다른 거 없던데. 가족한테 건 것밖에는."

안 형사가 말을 이었다.

"6개월 전의 사건에 대해 조사한 결과, 원한식의 말이 맞는 거 같아."

원한식의 말이 맞다고? 황당한 일이 벌어졌다.

"원한식의 문어발식 경영으로 회사가 어려워진 건 사실이지만 부도 위기까지는 아니었던 것 같아. 그런데 기업인이 아들 기장남과 짜고 차명 계좌를 만들어 회사 돈을 빼돌리는 바람에 부도 위기까지 가게 된 거지. 위기에서 벗어나려고 회사 주식을 파는 과정에서 기업인이 주식을 사들였어. 그래서 경영권을 빼앗을 수 있었던 거지."

그럼 기장남이 거짓말을 했단 말인가? 경찰이 원한에 의한 타살 가능성을 염두에 두고 수사를 하고 있고, 피해자가 원한식과 원한 관계에 있다는 사실은 확실한데, 지금 거짓말을 하는 것은 피해자 쪽이다. 아까 경비원의 말에서도 기장남이 거짓말을 한 게 밝혀지지 않았던가.

"그래도 원한 관계는 분명하잖아. 그리고 기장남이 거짓말한 것은 자신들의 불법 행위를 감추고 싶어서겠지."

별이의 말에 수리가 자신의 의견을 말했다.

"일단 원한식의 조카라는 사람들을 만나 보는 게 어떨까?"

그런데 알아보니, 한 명은 5일 전 외국으로 봉사 활동을 떠났고, 다른 한 명은 사건 당일 회사에 출근한 것이 분명했다. 그러니 그들은 이번 일과 전혀 관계없는 것이 확실했다.

결국 돌고 돌아 처음으로 되돌아온 느낌. 아이들은 다시 시작하는 마음으로 사건을 분석해 보기로 했다. 별이가 말했다.

"가장 중요한 건 기업인이 어제 누구를 만났는가 하는 점이야. 누구랑 왜 운지산까지 갔느냐는 거지."

철민이가 자신의 의견을 말했다.

"누군가에게 협박을 받아서 끌려간 게 아닐까? 아니지. 이미 살해된 상태에서 운지산에 버려졌을 수도 있지 않을까?"

"그건 아니야."

별이가 이의를 제기했다.

"아무리 완만하다고 해도 사건 현장은 등산길인데 시체를 끌고 100m나 되는 산길을 올라갈 이유가 없지. 또 겨울이라 등산객이 없다지만 행여 지나가는 사람이라도 만나면 큰일이잖아."
별이의 말에 수리가 동의했다.
"맞아. 물론 사건 현장이 길에서 잘 보이지는 않지만 그렇다고 그리 외진 곳도 아니잖아."
철민이가 답답한 듯 말했다.
"그렇다면 결국 피해자 스스로 거기까지 걸어 올라갔다가 살해당했다는 얘긴데……. 거기까지 기업인이 순순히 따라간 이유가 뭘까?"
수리가 말했다.
"그러니까 우리가 처음 추측했던 것처럼 피해자와 범인이 그곳에 함께 갔다가 우발적으로 벌어진 범행일 가능성에 더 초점을 맞춰야 한다고 생각해."
맞는 말이다. 그때였다. 태양이는 번쩍 떠오르는 게 있었다. 바로 비서가 한 말.
"점심 약속 있다며 나가셨어요."
가만, 점심 약속?
"그래, 맞아! 피해자는 점심을 먹으러 그곳에 간 거야."
태양이의 말에 별이가 또 트집을 잡았다.
"산에? 피해자가 점심 먹으러 산에 올라갔다는 얘기야?"

"아니, 그게 아니라. 점심 약속 있어서 나갔다고 했잖아. 게다가 사망 당시 피해자가 양복 차림인 것으로 봐서 등산을 하려고 산에 간 것 또한 아니라는 말이지. 그런데 사건 현장에 가면서 봤잖아. 산 입구 쪽에 식당들 많은 거."

"맞다. 그렇구나! 산 밑에 있는 식당에 간 거야. 점심 먹으러."
철민이가 맞장구를 쳤다.
"그리고 점심을 먹은 후 잠시 할 이야기가 있었거나 산책하러 산에 올라갔을 수도 있어. 그러다 우발적으로 사건이 일어난 거지."
태양이의 말에 수리가 얼른 나서며 말했다.
"그럼 식당들을 조사해 보면 되겠네. 피해자 사진을 보여 주고 목격자를 찾아보자."
그런데 별이가 반대하고 나섰다.
"식당이 한두 곳도 아니고 그걸 어떻게 다 조사해? 그리고 오늘 낮에도 보니까 손님들이 엄청 많던데, 과연 기억이나 할까?"

그렇다. 쉬운 일이 아니다. 그런데 바로 그때, 태양이가 말했다.

"방법이 있어. 소화 잔사물 검사를 하는 거야."

"소화 잔사물 검사? 그게 뭔데?" 철민이가 물었다.

"만약 우리 추리대로 피해자가 죽기 전에 점심을 먹었다면 사망 추정 시간이 1시에서 2시 사이니까 분명히 위 속에 음식물이 소화되지 않은 채로 남아 있을 거야."

"음식물이 위 속에?"

"응. 우리 몸속에 음식이 들어오면 식도, 위, 작은창자, 큰창자를 거쳐 소화가 진행돼. 그리고 우리 몸은 바로 이런 소화 과정을 통해 필요한 영양소를 섭취하고 불필요한 것은 몸 밖으로 내보내지. 그런데 대부분의 음식물이 완전히 소화되는 데에는 하루 정도가 걸리거든. 게다가 사망하게 되면 더 이상 소화는 진행되지 않지."

수리가 태양이의 말이 무슨 뜻인지 눈치챘다.

"아하, 피해자의 몸속에 음식물이 남아 있을 수 있다는 거구나."

"그렇지. 피해자가 회사에서 나온 시간은 11시 30분. 사망 추정 시간

영양소가 하는 일

영양소는 성장과 생리 과정에 필요한 에너지를 공급하는 영양분이 있는 물질을 말해. 단백질, 탄수화물, 지방은 우리 몸에서 에너지원으로 이용되는 영양소야. 또 비타민, 무기 염류, 물은 몸을 구성하거나 생명 활동을 조절하는 데 쓰여. 그런데 우리 몸은 사용하고 남은 영양소를 지방의 형태로 저장해. 그래서 필요한 양보다 많이 먹으면 지방이 쌓여서 살이 찌게 되지. 또 비타민이나 무기 염류는 필요한 양보다 적게 먹으면 병에 걸릴 수도 있어. 그래서 음식은 골고루, 적당한 양을 먹어야 하는 거야.

은 1시에서 2시 사이. 점심을 먹었다면 식사 후 최대 2시간 안에 사망했다는 얘긴데, 그럼 음식물은 위 속에 형태를 알아볼 수 있을 정도로 남아 있을 거야. 그걸 검사하는 게 바로 소화 잔사물 검사지."

"그걸로 뭘 알 수 있는데?"

철민이가 물었다.

"위 속에 남아 있는 음식을 조사하면 피해자가 점심 때 어떤 종류의 음식을 먹었는지 알아낼 수 있어. 그럼 식당마다 주요 메뉴가 있으니까 조사 범위를 줄일 수 있지 않을까?"

"오, 좋아! 멋진걸! 해 보자!"

철민이가 적극 찬성하고 나섰고, 수리도 좋다고 했다.

별이도 별달리 반대하지 않았다. 태양이는 곧바로 국립과학수사연구소에 소화 잔사물 검사를 의뢰했다.

그리고 나니 완전 한밤중. 결국 하루를 더 학교에서 보내게 된 아이들은 기숙사에 들어가 정신없이 잠에 빠져들고 말았다.

예상치 못한 범인

다음 날, 안 형사는 어제 의뢰한 유전자 검사 결과를 말해 주었다.

"피해자 손톱에서 나온 체세포의 유전자와 원한식에게서 채취한 체세포의 유전자는 동일하지 않은 걸로 밝혀졌어."

아니라고? 물론 어느 정도는 예상했지만 기운이 쭉 빠지는 느낌. 이제 믿을 것은 소화 잔사물 검사 결과밖에 없다. 다행히 한 시간쯤 더 기다리자, 어 형사가 결과를 가지고 왔다.

"고기 종류와 상추, 치커리, 쑥갓, 밥 등이 나왔대. 가만, 그럼 무슨 메뉴를 먹은 거야?"

"고기에 각종 야채, 그리고 밥. 그럼 뻔하네요, 뭐."

철민이가 대답했다.

"뭔데?"

"쌈밥요."

그래, 맞다! 쌈밥집이다.

"그럼 쌈밥집부터 찾아보자."

곧바로 운지산 식당 거리에 가서 알아보니, 그 일대에 있는 쌈밥집은 모두 일곱 곳. 이제 남은 일은 일일이 찾아다니며 피해자 사진을 보여 주고 목격자를 찾는 것이다.

아이들은 둘씩 짝을 지어 여기저기 흩어져 있는 쌈밥집을 돌아다녔다. 별이와 수리가 막 세 번째 집에 들렀을 때였다. 다행히 주인이 피해자를 알아보았다.

"이분은 우리 집 단골이신데."

"정말이에요?"

"그래. 자주는 아니고, 일 년에 서너 번은 꼭 오셔. 그저께도 오랜만에 오셨더라고."

드디어 찾았다. 별이는 태양이와 철민이에게 전화를 걸어 얼른 그 집으로 오라고 했다.

그 집의 주 메뉴는 쌈밥. 주인이 산 밑의 텃밭에서 직접 기른 유기농 채소를 바로바로 따서 내놓는 곳이었다. 많이 알려져 있진 않지만 오랜 단골이 많은 식당이라고 했다.

"혹시 기 사장님과 같이 온 사람이 있었나요?"

"있었지. 일행이 한 분 계셨어."

별이가 물었다.

"그럼 그 사람 얼굴은 기억나시나요?"

"글쎄, 처음 본 분이라……. 기 사장님이랑 키도 비슷하고, 나이도 비슷해 보였어. 양복을 입고 있었는데, 색깔은 기억이 잘 안 나네."

이런! 그렇게 비슷비슷한 사람이 우리나라에 얼마나 많은데, 별다른 특징을 기억하지 못하니 어쩐단 말인가!

그런데 바로 그때였다.

"어, 이분, 그저께 나르망 타고 오셨던 손님인데!"

"나르망요?"

모두들 귀가 솔깃해 물었다. 주차를 담당하는 아저씨였다.

"그래. 그저께 12시 반쯤 됐나? 비싼 차가 들어오기에 눈여겨봤지."

"이분이 운전하고 오셨나요?"

"아니, 이분은 조수석에서 내렸고 다른 분이 운전하고 왔어."

"그때 운전한 사람 인상착의 중에 기억나는 거 없으세요?"

"안경 끼고 키 좀 크고 눈은 작고……. 자세히는 못 봤어, 바로 들어가 버려서. 얼굴 보면 기억날지도 모르겠는데, 지금은 잘……."

"차량 번호는요?"

언제 왔는지 철민이가 물었다.

"차량 번호는 자동차 키 때문에 적어 놨지."

아저씨는 얼른 주차 일지를 뒤졌다. 그러고는 그날 낮 12시 30분에 주차한 차의 번호를 찾았다.

"나르망 3399."

됐다. 이제 이 차의 주인만 찾아내면 된다. 아이들은 곧바로 안 형사에게 전화를 걸어 차 주인을 알아봐 달라고 했다. 그런데 정말 예상치 못한 대답이 돌아왔다.

"네, 강효식요? 강 상무란 말이에요?"

철민이의 말에 모두 어리둥절. 안 형사는 다시 확인해 주었다.

"그래, 나르망 3399. 강 상무 차가 맞아."

이게 어찌 된 일인가? 강 상무라면 어제 회사에 갔을 때 봤던 사람이다. 그것도 기장남을 붙잡고 펑펑 울던 사람이 아니던가!

"강 상무 사진을 휴대 전화로 보내 줄 테니까 목격자 확인부터 해."

잠시 후 철민이의 휴대 전화로 강 상무의 사진이 도착했다. 아이들은 식당 주인과 주차 담당 아저씨에게 사진을 보여 주었다.

"맞아. 바로 이 사람이야."

둘 다 기업인과 함께 온 사람이 강 상무가 맞다고 확인해 주었다. 곧바로 강 상무 체포 명령이 내려지고, 아이들도 경찰서로 향했다. 그런데 그동안 아이들에게 새로운 의문점이 생겼다. 강 상무는 도대체 피해자와 어떤 원한이 있어서 살해를 한 걸까?

그 대답은 경찰서에 와 있던 안 형사가 해 주었다.

"6개월 전 기업인이 회사를 빼앗는 과정에 강 상무가 깊이 관여했더군. 이중장부를 만들고 회사 돈을 빼돌려 기업인이 회사 주식을 몰래 사들이는 것을 도왔어."

"그렇다면 같은 편이잖아요. 그런데 왜?"

그때 강 상무가 체포되어 들어왔다. 목격자가 있다는 말에 강 상무는 순순히 시인했다.

"맞아요. 사장님과 같이 밥 먹은 건 사실입니다. 오전에 결재받으러 갔더니 맛있는 집이 있다면서 같이 가자고 하셨어요. 그래서 모시고 갔던 것뿐입니다."

"식당 바로 위의 산에서 피해자가 살해된 채로 발견됐는데, 그냥 밥만 먹고 왔다고요?"

안 형사가 말도 안 된다는 듯 묻자, 강 상무는 딱 잡아뗐다.

"정말입니다. 다시 모시고 회사로 돌아오려고 했는데, 사장님이 먼저 가라고 하셨어요. 만날 사람이 있다고."

"만날 사람요? 그게 누군데요?"

"그, 그건 나도 모릅니다."

"그럼 왜 처음부터 말하지 않았죠?"

"괜한 의심받을까 봐 그랬습니다."

안 형사가 기업인의 차명 계좌 자료를 보이며 말했다.

"기업인 사장과 기장남 전무는 회사 공금을 횡령해 차명 계좌를 만들고, 그 돈으로 회사 주식을 몰래 사들여 경영권을 확보했어요. 물론 그 모든 일에 회계 담당인 강 상무님이 적극적으로 개입한 증거가 있는데, 맞죠?"

흠칫 놀라는 강 상무. 하지만 금세 평온을 되찾은 표정으로 말했다.

"난 그런 일 없습니다. 아니, 그런 일이 있었어도 그렇지. 만약 그랬다면 사장님과 나는 한편이란 뜻인데, 내가 왜 사장님을 죽였겠어요? 안 그렇습니까?"

그러자 안 형사가 말했다.

"좋아요. 그럼 방법은 한 가지네요. 피해자 손톱에서 범인의 체세포

가 발견됐어요. 유전자 검사를 해 보면 밝혀지겠죠."

순간, 강 상무의 얼굴이 하얗게 질렸다.

"유, 유전자 검사요?"

더 이상은 둘러댈 방법이 없자, 강 상무는 범행을 자백했다.

"기 사장이 사장 자리에 앉게 도와주면 내게 회사 지분의 1%를 주고, 부사장 자리에도 앉혀 준다고 했어요. 그런데 막상 일이 다 끝나자 마음이 변했더라고요. 심지어 그저께 아침에 결재 받으러 들어가서 왜 약속을 안 지키느냐고 따졌더니, 언제 그런 약속을 했냐고 오리발을 내미는 거예요. 아무래도 회사에서 얘기하기는 좀 그래서 일단 밖에서 다시 만나기로 했죠. 같이 점심을 먹고 조용히 얘기하러 산에 올라갔는데, 기 사장 말이 회사 돈 빼돌릴 때 내가 모든 관리를 다 했고, 차명 계좌도 내가 만들었으니 자기가 관련된 아무런 증거가 없다며 신고하려면 하라는 거예요. 순간 너무 화가 나서 그만……."

결국 강 상무는 살인 혐의와 회사 공금 횡령 혐의로, 기장남도 회사 공금 횡령 혐의로 구속되었다. 돈 때문에 친구도 의리도 저버리는 사람들. 정말 씁쓸한 기분이 들었다.

아무튼 사건은 그렇게 해결되고, 드디어 아이들은 집에 갈 수 있었다. 아! 꿀맛 같은 방학, 드디어 시작이다.

 ## 태양이가 들려주는 사건 해결의 열쇠

경기도의 한 산에서 발견된 변사체. 사망 전 피해자가 먹은 음식을 이용해 범인을 잡을 수 있었던 것은 소화에 대해 잘 알았기 때문이야.

💡 영양소와 소화란?

사람은 태어나서 자라고 활동하기 위해 음식물을 먹어. 음식물에는 영양소가 있지. '영양소'란 성장을 촉진하고 생리적 과정에 필요한 에너지를 공급하는 영양분이 있는 물질을 말해. 우리 몸에 필요한 5대 영양소로는 탄수화물, 지방, 단백질, 비타민 그리고 칼슘과 인 등의 무기 염류가 있어.

〈5대 영양소가 들어 있는 음식〉

'소화'는 음식물을 분해해서 그 안에 들어 있는 영양소를 우리 몸이 흡수하기 쉬운 형태로 변화시키는 과정을 말해. 음식물은 입, 식도, 위, 십이지장, 작은창자, 큰창자 순으로 이동하면서 분해되지.

💡 소화 기관과 소화 과정

'소화 기관'은 음식물이 지나가는 길인 입, 식도, 위, 십이지장, 작은창자(소장), 큰창자(대장), 그리고 음식물을 분해하는 데 필요한 소화 효소를 만들거나 저장하는 간, 쓸개, 이자 등의 기관을 말해.

그럼 음식물이 소화되는 과정을 자세히 살펴볼까? 먼저 음식물이 입으로 들어오면 이가 음식물을 잘게 부수고 혀가 음식물과 침을 잘 섞이게 한 다음, 목구멍으로 넘겨 줘. 이때 침은 탄수화물을 분해시키지.

목구멍으로 넘어간 음식물은 입과 위를 연결하는 식도를 지나게 돼. 가늘고 긴 식도는 꿈틀거리는 '꿈틀 운동'을 통해 음식물을 위로 보내 주지.

위는 갈비뼈 아래 왼쪽 배에 있는데, 주머니 모양으로 생겼으며 자기 신발만 한 크기야. 위에는 위액이 들어 있어서 단백질을 분해시키지.

다음은 십이지장으로 보내지는데, 손가락 12개를 옆으로 붙였을 때의 길이만 하다고 해서 붙여진 이름이야. 간에서 만들어진 쓸개즙과 이자에서 만들어진 이자액이 모이는 곳이지. 쓸개즙은 지방 분해를 도와주고 이자액은 탄수화물, 지방, 단백질을 모두 분해시켜 주지.

십이지장에서 분해된 음식물은 다시 작은창자로 보내져. 작은창자는 매우 길고 가는 관으로, 우리 몸에서 배의 대부분을 차지하고 있어. 작은창자를 다 펴면 길이가 무려 6~7m나 된다고 해. 이곳에서는 탄수화물과 단백질을 분해하고 소화된 영양분 대부분을 흡수하지.

마지막으로 작은창자를 감싸고 있는 굵고 잘록잘록한 큰창자로 보내지는데, 여기서는 주로 물을 흡수해. 소화가 다 되고 남은 찌꺼기는 항문을 통해 대변으로 배설되지.

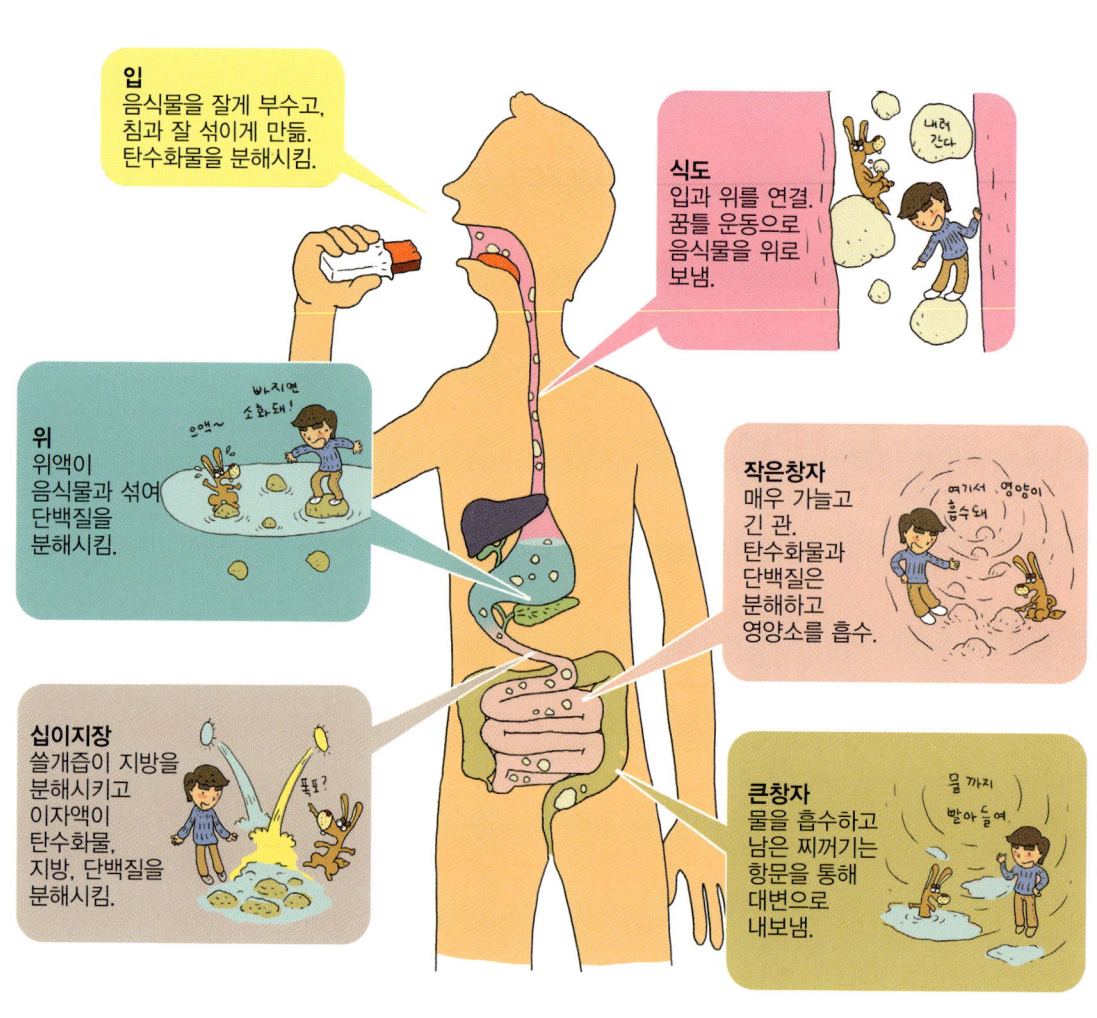

〈우리 몸의 소화 기관〉

💡 소화 잔사물 검사란?

우리가 먹은 음식물이 모두 소화되는 데에는 시간이 얼마나 걸릴까?

입에서 씹고 넘기는 데는 5~30초 정도가 걸리고, 식도를 타고 내려가는 데에는 7~10초 정도, 그리고 위에서 약 6시간, 작은창자에서 약 8시간, 큰창자에서 10시간 정도 머무르지. 즉, 음식물이 완전히 소화되는 데에는 하루 정도의 시간이 걸려. 그래서 사망자의 위에서 소화되고 남은 음식물, 즉 '소화 잔사물'을 검사해 보면 많은 것을 알 수 있어.

사람이 사망하면 몸속에 있는 음식물은 더 이상 소화되지 않거든. 그러니까 음식물이 소화 기관의 어디에 있고, 얼마만큼 소화됐느냐에 따라 사망자가 식후 몇 시간 뒤에 사망했는지를 추정할 수 있어.

만약 위에 소화가 덜 된 음식물이 남아 있다면, 음식물을 먹고 나서 얼마 안 돼 사망한 거야. 반대로 위가 텅 비어 있다면 음식을 먹고 한참이 지난 뒤에 사망했음을 알 수 있지.

또 위에 남아 있는 소화 잔사물을 잘 닦아서 관찰하면 사망 전에 어떤 음식을 먹었는지를 알아낼 수 있기 때문에 피해자가 사망하기 전에 어디에 있었는지도 추리할 수 있어.

그러니까 생각해 봐. **점심 약속이 있다며 나갔던 피해자. 그와 함께 있던 사람을 찾기 위해 피해자의 위에 남아 있는 소화 잔사물을 검사했어.** 그리고 그 결과 사망하기 전에 쌈밥을 먹었다는 것을 알아냈지. 이를 통해 피해자와 함께 쌈밥집에 간 용의자를 찾을 수 있었던 거야.

핵심 과학 원리 | 화학 반응

사건 3

폭탄을 찾아라!

"한 시간 전쯤에 대형 건설사인 한국건설 사장실로
협박 전화가 걸려 왔다. 회사에 폭탄을 설치했으니
내일 아침 10시까지 현금 5억 원을 주지 않으면
회사를 폭파시켜 버리겠다는 거야."

 어색한 만남

오늘은 12월 30일. 내일이면 또 한 해가 간다. 태양이는 괜히 마음이 울적했다. 처음에는 짧은 방학 동안 잠이라도 실컷 자는 게 소원이었다. 그런데 막상 집에서 하루 늦잠을 자고 나니, 그다음 날부터는 새벽 6시만 되면 저절로 눈이 떠졌다. 게다가 아침 운동을 걸렀더니 하루 종일 몸이 찌뿌드드한 것이 바로 방학 기간이면 나타난다는 '형사 학교 증후군'인 듯했다.

태양이가 점심을 먹고 났는데, 전화벨이 울렸다.

"오오, 친구! 뭐 하시나?"

철민이었다.

"그냥 있어. 왜?"

"저물어 가는 한 해를 그냥 보낼 순 없지 않나, 친구!"

말끝마다 친구란 말을 붙이는 것을 보니, 철민이가 또 새로운 말버릇을 만들었나 보다.

"그래서 놀이 공원 가자고. 어때? 좋지 않나, 친구?"

물론 좋지! 태양이는 심심하던 차에 잘됐다 싶어 얼른 약속을 잡았다. 그런데 약속 장소인 햄버거 가게에 들어선 순간, 태양이는 흠칫 놀라고 말았다.

별이가 앉아 있는 것이었다. 철민이와 단둘이만 만나는 줄 알고 나왔는데, 아니었단 말인가! 게다가 철민이는 아직 약속 장소에 나타나지 않은 모양. 이미 별이와 눈이 마주쳤으니 모른 척하고 다른 곳에 앉아 기다릴 수도 없는 상황이었다.

놀라기는 별이도 마찬가지인 모양이었다. 태양이는 할 수 없이 별이에게 다가가서 물었다.

"철민이는?"

"어, 너도 오는 거였어?"

역시 별이다. 어쩜 그렇게 콕 집어서 얘기한단 말인가. 태양이는 기분이 팍 상했다. 그래서 모나게 대답했다.

"그러게. 나도 너 오는 줄 모르고 나왔는데."

어찌 보면 태양이가 별이에게 한 첫 번째 반격이다. 별이도 살짝 기분이 상했다. 둘 사이에 어색한 침묵이 흘렀다. 별이는 그냥 벌떡 일어나서 집에 가고 싶은 생각까지 들었다.

'갈까, 말까?'

그냥 가면 너무 속 좁은 거 같고, 앉아 있자니 영 어색했다. 별이가 고민을 하고 있는데, 반가운 소리가 들렸다.

"오오, 친구들! 벌써들 오셨나?"

철민이다. 태양이와 별이는 동시에 날카로운 눈빛을 보냈다. 그러나 둘 사이의 분위기를 아는지 모르는지 철민이는 너스레를 떨었다.

"헉! 내가 좀 늦게 왔다고 둘이서 나를 미워하는 건가, 친구들?"

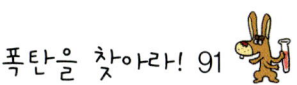

그래도 철민이 덕에 분위기가 훨씬 좋아졌다. 게다가 놀이 공원이다 보니 마음도 들떠, 어색함이 조금씩 사라졌다.

그렇게 셋이서 놀이 기구를 타며 신 나게 놀다 보니, 어느새 저녁 7시. 너무 늦으면 안 될 것 같아 막 헤어지려고 할 때였다. 철민이의 휴대 전화가 요란하게 울렸다.

"어, 안 형사님인데!"

안 형사님? 갑자기 웬일? 아이들 표정에 긴장감이 돌았다. 그런데 전화를 받는 철민이의 표정이 점점 더 굳어졌다.

"네, 같이 있어요. 네? 지금요? 네."

철민이가 전화를 끊자, 궁금한 태양이와 별이는 동시에 물었다.

"무슨 일이야?"

"지금 당장 학교로 오래."

"왜?"

두 사람이 또 동시에 물었다. 오늘 둘이 좀 이상하다. 같이 놀다 보니 마음까지 통했나?

"사건이래."

갑작스런 사건 소식에 아이들은 곧바로 학교로 향했다.

 # 협박 전화

아이들이 학교에 가 보니, 이게 보통 일이 아닌가 보다. 안 형사뿐 아니라 박 교장, 어 형사, 정 형사, 거기에 경찰청장까지 있었다.

어 형사가 먼저 사건에 대해 간단하게 설명했다.

"한 시간 전쯤에 대형 건설사인 한국건설 사장실로 협박 전화가 걸려 왔다. 회사에 폭탄을 설치했으니 내일 아침 10시까지 현금 5억 원을 주지 않으면 회사를 폭파시켜 버리겠다는 거야."

한국건설이라면 우리나라 10위 안에 드는 건설사. 아파트뿐 아니라 다리, 터널 등 다양한 공사를 하는 회사다. 얼마 전 유명 탤런트가 광고 모델로 나오면서 더 유명해진 회사인데……. 그래서 아이들에게 제일 먼저 떠오른 생각은 '혹시 장난 전화가 아닐까?'였다.

그런데 정 형사가 말을 이었다.

"한국건설에서 신고가 들어오자마자 경찰이 전화번호를 추적한 결과, 지하철 수사역 근처에 있는 공중전화임이 밝혀졌어. 혹시 장난 전화가 아닐까 의심도 가지만, 만에 하나 아닐 수도 있으니 수사를 시작하기로 했지."

그러자 경찰청장이 근엄한 표정으로 말했다.

"새로 구성된 'CSI' 멤버들의 활약이 대단하다고 들었다. 이번에도 기대하마."

"넵!"

저도 모르게 경례까지 하며 대답하는 아이들. 경찰청장이 무섭긴 무

서운가 보다.

그나저나 정말 큰일이다. 폭발물에 관해 배우기는 했지만 아직 한 번도 폭발물 사건을 수사해 보지는 못했다.

게다가 수리가 고향에 내려가 있어 셋이서 사건을 해결해야 하니, 그만큼 부담도 커졌다. 항상 말 없이 있어서 몰랐는데, 수리가 꽤 큰 자리를 차지하고 있었나 보다.

시간은 벌써 저녁 8시. 범인이 말한 내일 아침 10시까지는 14시간 정도 남았다. 그 안에 폭발물을 찾아내든지 아니면 범인을 잡아야 한다.

아이들은 박 교장, 어 형사, 정 형사, 안 형사와 함께 한국건설 본사로 향했다. 사장실에서는 사장과 임원들이 기다리고 있었다. 외부에 협박 사실이 알려지지 않게 하려고 노심초사하는 모습.

"일단 남은 직원들을 퇴근시키고 폭발물 검사부터 시작하죠."

박 교장의 명령으로 경비부서와 사장 직속의 기획부 임원 2명, 비서를 제외한 모든 직원을 퇴근시켰다. 그리고 전문적으로 폭발물을 검사하는 특수 요원 10명을 즉시 투입시켜 폭발물 검사를 시작했다.

한국건설 본사는 지상 10층, 지하 5층, 총 15층짜리 건물. 만약 협박 전화가 사실이라면 정말 대형 사건이다.

정 형사는 또다시 협박 전화가 걸려올 것에 대비해 위치 추적 장치를 설치했다. 그사이 어 형사가 전화를 받은 비서에게 물었다.

"뭐라고 전화가 왔던가요?"

"대영건설 비서실이라면서 사장님을 바꿔 달라고 했어요. 최근 대영건설이랑 같이 시공하는 건물이 있어서 가끔 통화를 하시거든요. 그래서 바꿔 드렸죠."

전화를 받은 한국민 사장이 말을 이었다.

"전화를 받았더니, 처음엔 공손하게 묻더군요. 한국건설 한국민 사장님이냐고. 그렇다고 했더니, 다짜고짜 회사에 폭탄을 설치했으니 내일 아침 10시까지 현금 5억을 준비하라는 거예요. 그래서 누구냐고 물었는데, 대답도 않고 뚝 끊어 버렸습니다."

아무 관련이 없는 사람이 사장실에 전화를 걸어 협박을 했을 리는 없지 않을까? 그렇다면······.

"회사나 사장님께 원한을 가진 사람일 가능성이 높네요. 혹시 생각나는 사람 있습니까?"

어 형사의 물음에 사장도, 비서도, 그리고 기획이사도 고개를 갸우뚱했다. 그런데 바로 그때였다. 옆에서 듣고 있던 기획부장이 조심스럽게 말을 꺼냈다.

"혹시 지난번 현장 사고와 관련된

사람이 아닐까요?"

모두의 시선이 기획부장에게 쏠렸다. 기획이사는 고개를 갸우뚱하며 말했다.

"글쎄, 설마 그렇다고 이런 협박까지?"

그러자 사장도 아는 척을 했다.

"달래 터널 공사 현장에서 일어난 사고 말인가?"

"네. 피해자 아버지가 몇 번씩 전화를 했습니다. 아들이 저희 회사 일로 사고를 당했으니, 보상해 달라고."

"왜? 사고 난 사람은 하청 업체 직원이 아니었나?"

"그러게 말입니다."

기획부장이 말을 이었다.

"그런데도 계속 전화를 하기에 피해자 아버지를 한번 만나 봤습니다. 그랬더니 앞날이 구만리 같은 아들이 사고를 당했으니, 도저히 그냥 넘어갈 수 없다는 겁니다. 평생 일어나지 못할지도 모르니 그에 맞는 보상을 해 달라는 거죠."

잠자코 듣던 어 형사가 궁금해서 더 이상 못 참겠다는 듯 물었다.

"무슨 일이죠? 지금은 작은 단서라도 중요합니다."

"한 달 전쯤에 공사 중인 달래 터널 현장에서 사고가 났습니다. 발파 작업을 담당한 하청 업체가 작업하는 도중에 폭발 사고가 발생했죠."

그 사고로 하청 업체인 '터뜨려'의 직원이 크게 다쳤다는 것.

입사한 지 얼마 안 된 직원이 실수로 뇌관을 건드리는 바람에 일어난 사고였다.

치료비는 산업 재해였기 때문에 보험으로 지급되었다고 한다. 그런데 피해자의 아버지는 아들이 앞으로 어떻게 될지 모르니 한국건설에서도 보상을 해 달라고 요구했다는 것이다.

그렇다면 혹시 사고 피해자가 범인이 아닐까? 피해자가 발파 작업을 맡은 하청 업체에서 일했던 사람이니 폭발물을 손에 넣기도 쉽지 않았을까? 자신의 요구가 받아들여지지 않자, 홧김에 폭파 협박을 한 것일 수도 있다.

기획부장이 말을 이었다.

"그러고 보니, 요 며칠 조용했어요. 이러려고 그런 게 아닐까요?"

그러자 박 교장이 말했다.

"어 형사는 태양이와 함께 피해자와 피해자 아버지가 어디 있는지부터 찾아보고, 안 형사는 별이와 함께 회사 CCTV를 확인해 봐. 회사 안에 폭탄을 설치했다고 했으니, 분명히 안으로 들어왔을 거 아냐."

"네!"

박 교장은 이어서 정 형사에게 명령했다.

"그리고 정 형사는 철민이와 함께 폭발물 검사하는 거 지켜보고, 협박 전화가 다시 올지도 모르니까 대기해."

"네!"

그렇게 폭탄을 찾기 위한 숨 가쁜 작전이 시작되었다.

 사라진 용의자

태양이는 어 형사와 함께 사고를 당한 하청 업체 직원이 입원한 병원을 찾았다. 피해자 이름은 강기철. 사고 당시 온몸에 큰 화상을 입고 한 달이 넘은 지금까지 중환자실에 있는 상태. 담당 의사는 강기철이 3일 전에 잠시 의식을 회복했으나 다시 혼수상태에 빠졌다고 했다.

일단 가족을 찾으니, 강기철의 어머니만 만날 수 있었다. 경찰이라고 하자, 강기철의 어머니는 당황하며 물었다.

"경찰이 무슨 일로? 헉! 설마 남편이 그 한국건설인가 뭔가 하는 회사에 자꾸 전화 걸었다고 잡으러 온 건가요?"

어 형사가 대답했다.

"그건 아닙니다. 그런데 남편분은 어디 가신 거죠?"

"우리 애 아빠요? 집에 다녀온다고 내려갔는데……."

"집에요? 무슨 일로?"

강기철의 어머니는 눈물을 참으려는 듯 코를 훌쩍이며 대답했다.

"애가 이 모양이 됐는데, 다니던 회사도 그렇고 한국건설인가 하는 큰 회사도 그렇고, 둘 다 보상 문제는 나 몰라라 하잖아요. 그러니 변호사를 대서 소송이라도 해야 되지 않겠어요? 그래서 아까 낮에 변호사 비용 구하러 집으로 내려갔어요."

강기철의 집은 전라북도 우수군. 휴대 전화는 없다고 해서 집으로 계속 전화를 걸었으나 받지 않았다.

"우수경찰서에 전화해서 집에 가 보라고 해야겠군."

어 형사는 강기철의 집에 경찰을 파견했다. 그리고 그사이 하청 업체인 터뜨려의 사장을 만나러 갔다.

안 형사가 강기철의 이야기를 하자, 터뜨려의 사장은 곤란한 표정을 지었다.

"물론 보상을 해 줘야죠. 그런데 피해자 아버지가 터무니없는 액수의 돈을 요구하는 거예요. 보시다시피 직원이 10명도 안 되는 회사에 무슨 돈이 그렇게 많겠어요. 가뜩이나 요즘 회사 사정도 안 좋은데 그 사고로 그나마 있던 일도 끊겨서 완전 망하게 생겼다니까요. 우리도 아주 죽을 지경입니다. 그리고 솔직히 강기철의 실수도 크거든요. 초보자가 겁도 없이 아무거나 만지다가 그렇게 된 거라고요. 어쨌든 그 아버지가 거의 매일 와서 괴롭히는 통에 저도 아주 힘듭니다."

그렇다면 강기철의 아버지가 한국건설과 하청 업체에 보상을 요구하다 제대로 되지 않자 나쁜 마음을 먹은 건 아닐까?

한편, 안 형사와 별이는 강기철 아버지의 얼굴을 아는 기획부장과 함께 CCTV 데이터를 확인해 보았다. 회사에 설치된 CCTV는 모두 32대. 먼저 오늘 하루 동안의 데이터를 살펴봤는데, 강기철 아버지의 모습은 찾을 수가 없었다.

"그럼 어떻게 회사 안에 폭발물을 설치했을까요?"

별이가 이상하다는 듯 묻자 안 형사가 말했다.

"꼭 오늘 폭발물을 설치했다고는 볼 수 없겠지. 피해자 아버지의 전화가 끊긴 게 며칠 전이죠?"

"3일 전이요."

"좋아요. 그럼 3일 전 것부터 살펴봅시다."

다시 CCTV 데이터를 검색하기 시작했다.

한편, 그사이 진행된 폭발물 검사 결과가 박 교장에게 보고되었다. 결론은 지하 5층에서 지상 10층까지 폭발물 탐지기로 조사했지만 폭발물로 의심되는 물건은 발견하지 못했다는 것.

어 형사로부터는 강기철의 아버지가 시골에 내려갔다는 보고가 들어왔다. 또 CCTV를 조사한 안 형사도 강기철의 아버지가 회사에 들어온 증거를 찾지 못했다고 보고했다.

정말 난감한 상황이다.

그러는 사이 시간은 벌써 밤 11시가 넘었다. 이제 남은 시간은 11시간. 그런데 사건은 아직도 오리무중이니 정말 큰일이다.

그때였다. 어 형사에게 다시 전화가 왔다.

"우수경찰서에서 전화 왔는데요. 강기철 아버지를 못 찾았대요. 그래서 이웃집에 물었더니, 서울 가서 아직 안 내려왔다고 하더래요."

그렇다면 아내에게는 거짓말을 하고 일을 벌이고 있는 게 아닐까? 아니, 어쩌면 남편이 의심받지 않게 하기 위해 부인이 거짓 알리바이를 댔을 수도 있다.

"인력을 더 동원해서 찾아보라고 하고, 어 형사도 내려가 봐."

박 교장이 명령했다. 어 형사와 태양이는 곧바로 전라북도 우수군으로 향했다.

 다시 걸려온 전화

밤 12시가 다 된 시간, 사장실의 전화벨이 울렸다.

사장실에서 대기하던 박 교장, 정 형사, 철민이, 그리고 한국민 사장의 눈이 동시에 마주쳤다. 정 형사가 말했다.

"셋까지 세고 받으시면 됩니다. 자, 하나, 둘, 셋!"

"여보세요?"

"경찰들이 쫙 깔렸더군요. 폭발물 탐지도 하셨겠죠? 그래 봤자 못 찾을 겁니다. 헛수고 그만하고 돈이나 준비하시죠. 오전 10시, 수사역 4번 보관함입니다."

딸깍, 전화가 끊어졌다.

"여보세요? 여보세요?"

한국민 사장이 정 형사를 쳐다보자, 정 형사는 고개를 끄덕였다. 위치 추적에 성공했다는 뜻.

"서울 남산에 있는 공중전화예요."

박 교장이 급히 말했다.

"출동시켜!"

곧바로 남산경찰서에 출동 명령이 떨어졌다.

"가만, 그럼 강기철 아버지는 범인이 아니겠네요? 집에 내려갔다고 했잖아요."

철민이의 말에 정 형사가 대답했다.

"아닐 수도 있지."

그렇다. 행방이 묘연하니, 아직까지는 그가 범인일 확률이 높다.

한편, CCTV 데이터를 보던 안 형사와 별이. 벌써 몇 시간째 비슷비슷한 장면만 보고 있으려니, 눈에서 쥐가 날 정도였다.

그런데 바로 그때, 갑자기 기획부장이 이상하다는 듯 말했다.

"어, 저 사람은!"

안 형사가 물었다.

"저 사람이에요?"

"아니요. 피해자 아버지는 아닌데요. 저 사람이 왜 저기 있지?"

"누군데요?"

별이가 물었다.

"김수창 과장이라고. 3개월 전에 회사를 그만둔 사람이거든. 그런데 왜 저기에 있지?"

안 형사가 다시 데이터를 돌렸다. 한 남자가 베란다로 나가는 모습이 보였다. 시간은 이틀 전 저녁 7시쯤.

"저기가 어디죠?"

"3층 베란다로 나가는 곳이에요. 베란다 쪽에 담배 필 수 있는 곳이 있거든요."

"혹시 만날 사람이 있어서 온 게 아닐까요?"

"글쎄요. 퇴사한 지 벌써 3개월이나 지났는데. 게다가 성격이 좀 괴팍해서 특별히 친한 사람도 없을 텐데."

별이가 물었다.

"회사에 아무나 들어올 수는 없지 않나요?"

"그렇지. 신분증이 있어야 들어올 수 있지."

"그럼 어떻게 들어왔는지부터 알아보죠."

안 형사의 말에 기획부장은 경비과장을 불렀다. 그리고 그 시간에 현관 근무를 한 경비원을 찾아 물었다.

"아, 김 과장님요? 왔었어요. 저녁 6시 반쯤에요."

"무슨 일로 왔다고 하던가요?"

안 형사가 물었다.

"퇴사할 때 두고 간 게 있어서 찾으러 왔다고요."

"그렇다고 그냥 막 들여보내요?"

경비과장이 버럭 소리쳤다. 경비원은 잔뜩 겁먹은 표정으로 대답했다.

"15년 동안 매일 본 사람인데 어떻게 안 들여보내요?"

일리 있는 말이다. 안 형사가 기획부장에게 물었다.

"김수창 씨가 퇴사한 이유가 뭐죠?"

"요즘 건설 경기가 안 좋아서 회사가 좀 어렵거든요. 그래서 50명 정도를 회사에서 내보냈어요. 김 과장도 그중 한 명이었죠."

"좀 이상하네요. 왜 다른 CCTV에는 그 사람이 안 나왔을까요?"

별이가 묻자, 경비과장이 대답했다.

"저 위치에는 원래 CCTV가 없었거든. 그런데 날씨가 추워지면서 베란다로 안 나가고 복도에서 담배를 피우는 사람이 있다는 신고가 들어와서 적발하기 위해 최근에 설치했지."

"그럼 김수창 씨가 퇴사한 이후에 설치한 거겠네요?"

안 형사가 물었다.

"네."

기획부장이 대답했다. 그렇다면 CCTV가 설치된 다른 장소는 미리 알고 피했지만, 여기는 최근에 설치한 거라 모르고 찍혔다는 뜻이다.

안 형사가 말했다.

"김수창 씨는 회사에서 무슨 일을 담당했죠?"

"대학에서 토목 공학을 전공해서 주로 다리나 터널 공사 관리를 담당했어요."

"그럼 건설 현장에서 사용하는 폭발물에 대해서도 잘 알겠네요?"

"아무래도 그렇겠죠. 터널을 만들려면 산부터 뚫어야 하니까."

그렇다면 김수창이 의심스럽다. 이번엔 별이가 물었다.

"입사한 지는 얼마나 됐어요?"

"15년 정도 됐지. 그런데 김 과장이 일은 꼼꼼하게 잘 처리하는데, 성격이 좀 소심하고 괴팍스러운 면이 있어서 직원들과 잘 어울리는 편은 아니었어. 그래서 만년 과장으로 있었지."

"가족은요?"

"홀어머니 모시고 산다고 하더라고."

안 형사가 벌떡 일어나며 말했다.

"김수창 씨 주소와 휴대 전화, 집 전화번호 좀 알아봐 주세요."

기획부장은 김수창의 사원 기록을 보여 주었다.

그런데 집 주소가 형사동 15번지.

"형사동이라면 수사역에서 가까운데!"

별이가 눈을 반짝이며 말했다.

별이는 박 교장에게 상황을 보고했다. 그때 마침 남산에 있는 공중전화로 출동한 경찰에게서 수상한 자를 못 찾았다는 보고가 들어왔다.

박 교장은 명령했다.

"정 형사는 용의자의 집에 가 보고, 안 형사는 3층 복도부터 차근차근 다시 뒤져 봐."

"네!"

철민이와 별이는 정 형사를 따라 김수창의 집으로 향했다.

 증거를 찾아라!

"여행 갔다 온다고 했는데요."

김수창의 집에는 어머니 혼자 있었다. 정 형사가 물었다.

"여행요?"

"네, 오늘 아침에요. 일주일 정도 걸릴 거라고 했어요. 그런데 경찰이 무슨 일로?"

그러더니 갑자기 하얗게 질린 얼굴로 물었다.

"우리 수창이가 무슨 일 저질렀나요?"

정 형사가 현 상황에 대해 간단히 설명해 주자, 김수창의 어머니는 눈물을 뚝뚝 흘리며 말했다.

"3개월 전 회사에서 쫓겨나고 나서 무척 속상해 했어요. 회사 일만 하다 보니 지금까지 결혼도 못했는데, 너무 억울하다고. 하지만 그렇다고 그런 끔찍한 일을 벌일 애는 아니에요. 흑흑흑."

철민이가 물었다.

"혹시 어디로 여행 간다고 하던가요?"

"그런 말은 안 했어. 만날 집에만 틀어박혀 있기에 저러다 우울증에 걸리는 게 아닌가 걱정했는데, 요 며칠 자주 외출을 하더라고. 그러더니 오늘 아침에는 여행을 갔다 온다고 해서 잘됐다 싶었는데……."

정 형사, 별이, 철민이는 일단 집 안을 둘러보기로 했다. 만약 김수창이 정말로 폭탄을 설치했다면 폭탄을 만드는 데 사용한 부품이나 설명서, 아무튼 뭐라도 남아 있을 수 있으니까.

그런데 집 안 여기저기를 뒤져도 별다른 게 나오지 않았다. 순간, 별이는 의문이 생겼다.

'아무나 폭탄을 만들 수는 없을 텐데, 어떻게 폭탄 재료를 구했을까?'

그러자 번쩍 떠오르는 게 있었다.

'맞다, 인터넷! 요즘 인터넷 쇼핑몰에 들어가면 별의별 물건을 다 살 수 있다던데, 혹시?'

별이는 얼른 컴퓨터를 켜고 최근 김수창이 검색한 사이트와 즐겨찾기 목록에 등록된 사이트를 면밀히 살펴보았다. 그런데 이게 뭔가!

"빵터져? 카페 이름이 빵터져네."

즐겨찾기 목록에 있는 독특한 이름의 인터넷 카페. 얼른 들어가 보니 폭탄의 유래, 폭탄의 종류, 폭탄 만들기 등등의 카테고리가 있었다. 모든 글은 회원이 아니면 볼 수 없게 되어 있었지만, 폭탄 관련 카페임에는 틀림없었다. 그렇다면 여기서 폭탄 재료를 구했단 말인가?

'가만, 그럼 혹시 여기서 다운 받은 파일이 있을지도 몰라.'

별이는 데이터 파일들을 자세히 살펴보기 시작했다.

그사이 지하 창고를 둘러보던 철민이는 선반 위에 놓인 이상한 병들을 발견했다. 그런데 병에 붙은 종이를 보니, 어떤 것은 '과산화수소', 어떤 것은 '아세톤'이라고 적혀 있었다. 그리고 그 옆에 있는 상자 안에는 분해된 휴대 전화와 빈 페트병이 여러 개 들어 있는 것이 아닌가! 순간, 번쩍 떠오르는 게 있었다. 그래서 곧바로 정 형사를 불렀다.

"정 형사님, 이쪽으로 와 보세요."

마당을 둘러보던 정 형사가 내려오자, 철민이는 커다란 병들을 가리키며 말했다.

"이건 과산화수소고요, 이건 아세톤이에요."

"뭐? 과산화수소랑 아세톤! 그럼 혹시?"

정 형사도 뭔지 알겠다는 표정. 그런데 바로 그때였다.

"정 형사님, 철민아!"

지하 창고로 내려온 별이가 사색이 된 얼굴로 말했다.

"액체 폭탄이에요!"

철민이가 놀라며 물었다.

"어떻게 알았어?"

철민이와 정 형사도 막 액체 폭탄이라는 것을 눈치챈 상황. 셋은 함께 김수창의 방으로 갔다.

상처에 과산화수소수를 바르면 왜 거품이 날까?

과산화수소는 물 분자에 산소 원자 하나가 더 결합된 화합물이야. 색깔과 냄새가 없으며, 분해하면 산소를 내보내고 물이 되지. 과산화수소가 3% 정도 들어간 수용액은 표백제나 소독약으로 쓰여. 그런데 과산화수소가 들어 있는 소독약을 상처에 바르면 우리 몸에 있는 '카탈라아제'라는 효소가 촉매로 작용해서 과산화수소가 물과 산소로 분해되는 속도를 빠르게 해 주지. 이 과정에서 산소 거품이 생기는 거야.

별이가 컴퓨터에서 발견한 문서 파일을 가리키며 말했다.

"빵터져라는 인터넷 카페에서 다운받은 파일인데, 액체 폭탄 제조법이 쓰여 있어."

철민이가 대답했다.

"맞아. 과산화수소를 이용해 액체 폭탄을 만든 거야."

그러자 별이가 물었다.

"과산화수소라면 소독약 아니야?"

"맞아. 과산화수소는 3% 정도의 수용액으로 만들어 표백제나 소독약으로 쓰고 있지. 그런데 과산화수소에 '트리아세톤 트리페록사이드(TATP)'라는 물질을 섞으면 강력한 폭탄을 만들 수 있거든."

"정말?"

별이가 놀랍다는 듯 물었다.

철민이가 이어서 설명했다.

"두 가지 이상의 물질이 섞여서 다른 물질로 변화하는 과정을 '화학 반응'이라고 해. 화학 반응이 일어나면 기체가 발생하거나 불꽃이 생기고 소리가 나는 등 여러 가지 현상이 나타나게 돼. 그중에는 짧은 시간 동안 기체가 엄청 빠르게 팽창하면서 높은 열을 내는 '폭발 반응'이 있어. 그리고 이런 폭발 반응을 일으키는 물질을 폭약으로 사용해 엄청난 파괴력을 지닌 무기로 만든 게 바로 폭탄이지."

"그런데 폭탄이라면 다이너마이트같이 고체 아닌가?"

"보통은 그렇게 생각하지만 액체 상태의 폭탄도 있어. 액체 폭탄은 음료수나 술로 위장하기 쉽기 때문에 경찰의 눈을 피하기도 쉽고, 운반도 편리하지. 또 적은 양으로도 엄청난 폭발을 일으키기 때문에 최근에 발생한 테러에서 많이 사용되었어."

정 형사가 말했다.

"대표적인 액체 폭약이 바로 건축 현장에서 많이 쓰이는 나이트로글리세린이야. 질산과 황산, 글리세린을 섞어 만든 것으로, 2~3리터만 있어도 비행기 몸체를 날려 버릴 수 있어."

"헉! 그렇게 위력이 커요?"

별이가 깜짝 놀라자 철민이가 설명을 덧붙였다.

"만들기도 쉬워. 폭발 물질과 폭발을 일으키는 기폭 장치, 휴대 전화 같은 전자 장비만 있으면 되지."

별이가 이제야 알겠다는 듯 말했다.

"가만, 그럼 이제껏 고체만 찾으려다 보니 폭탄을 발견하지 못한 거네요?"

그렇다. 금속 탐지기나 일반 폭발물 탐지기로는 액체로 된 폭발 물질을 찾아낼 수 없었던 것. 그래서 김수창이 절대 못 찾을 거라고 큰소리친 것이다.

정 형사는 곧바로 박 교장에게 보고

다이너마이트의 발명

1866년 노벨은 액체 상태의 나이트로글리세린을 안정화하는 방법을 연구했어. 나이트로글리세린은 약간의 충격에도 폭발하기 때문에 액체 상태로 운반하는 데 많은 어려움이 있었거든. 그러던 중 우연히 규조토라는 흙에 나이트로글리세린을 흡수시키면, 비교적 안전하면서도 폭발력은 그대로 유지된다는 사실을 발견했어. 노벨은 힘과 운동을 뜻하는 그리스어 '다이나미스'에서 이름을 따서, 이 혼합물을 '다이너마이트'라고 이름 지었지.

했다. 박 교장은 회사 안에 있는 경찰들에게 액체가 들어 있는 병을 찾으라고 명령을 내렸다.

정 형사와 철민이, 별이는 증거물들을 가지고 회사로 향했다. 때마침 소식을 들은 수리가 수사를 돕기 위해 회사로 찾아왔다.

시간은 벌써 새벽 5시. 이제 남은 시간은 5시간. 그사이 폭탄을 찾지 못하면 큰일이다.

우선 음료수 병처럼 액체가 들어 있는 것은 모두 수거하기로 했다. 50명의 경찰이 동원되어 화장실, 쓰레기통, 책상 서랍 하나하나까지도 샅샅이 뒤지기 시작했다.

그런데 바로 그때, 어 형사에게서 전화가 왔다.

"강기철 아버지를 찾았어요. 집 근처 술집에 있더라고요."

강기철의 아버지는 변호사 비용을 구하기 위해 이리저리 알아보았지만 쉽지 않았다고 한다. 그래서 속상한 마음에 술집으로 향한 모양. 박 교장은 어 형사에게 상황을 설명한 뒤 서울로 올라오라고 했다.

결국 헛걸음한 꼴. 어 형사와 태양이는 기운이 쭉 빠졌다. 그래도 액체 폭탄임을 알아냈다니, 얼마나 다행스러운 일인가. 둘은 서둘러 서울로 출발했다.

회사에 도착한 별이가 박 교장에게 물었다.

"김수창이 돈을 받으면 곧장 외국으로 도망치려고 하지 않을까요?"

별이의 말에 박 교장은 명령을 내렸다.

"일단 해외로 나가는 비행기나 선박 중에 김수창 이름으로 예약이 되어 있는지 알아보고, 경비도 강화시켜!"

또한 김수창을 검거하기 위해 그의 집 주변과 약속 장소인 수사역 주변에도 눈에 띄지 않게 경찰을 배치했다. 그렇게 30분쯤 지났을 때, 수리가 첫 번째 수상한 병을 찾아냈다.

"4층 남자 화장실 변기 뒤에 놓여 있었어요."

보기에는 보통 음료수 병처럼 보이지만 기폭 장치가 붙어 있는 액체 폭탄이 맞다. 그사이 어 형사와 태양이도 한국건설에 도착해 폭발물 수색에 합류했다. 그리고 잠시 후 철민이가 5층 사무실 책상 안에서 수리가 발견한 것과 똑같은 모양의 음료수 병을 찾아냈다. 또 별이와 태양이도 김수창이 CCTV에 찍혔던 장소인 3층 베란다 화단 안에서 똑같은 모양의 음료수 병을 찾아냈다. 모두 3개.

발견된 액체 폭탄은 곧바로 액체 질소로 냉동시켰다. 음료수 병에 붙은 기폭 장치까지 모두 얼어 버렸으니, 이제 폭발할 염려는 없다.

 ## 범인을 잡아라!

액체 폭탄을 안전하게 처리하고 나니, 남은 시간은 1시간. 이제 범인을 잡아야 한다. 경찰이 폭탄을 모두 찾아낸 사실을 범인이 알면 도망갈 것이 뻔하니, 그 사실은 비밀에 부쳤다.

아이들은 김수창에게 돈을 건네기로 한 수사역으로 향했다.

출근 시간이라 그런지 지하철역은 사람들로 발 디딜 틈이 없었다. 김수창은 혼잡한 틈을 타 돈을 갖고 도망치겠다는 생각이었을 것이다.

점점 약속 시간이 다가오고, 과연 김수창이 올지 모두 두근두근하며 기다리는데, 드디어 그가 나타났다. 양복에 서류 가방까지 든 회사원의 모습. 일부러 눈에 띄지 않기 위해 신경을 쓴 것이다. 출근하는 사람들의 모습이 비슷비슷하니, 한번 놓치면 다시 찾기가 쉽지 않을 것이다.

점점 보관함으로 다가가는 김수창. 아이들도 포위망을 좁혀 갔다. 그런데 김수창은 막 보관함 문을 열려다가 어떻게 눈치를 챘는지 안주머

니에서 휴대 전화를 꺼내며 소리쳤다.

"거기 서! 이게 뭔지 알아?"

시끌벅적하던 지하철역이 순식간에 조용해지고, 모두의 시선이 김수창에게 쏠렸다.

숨어 있던 아이들과 어 형사, 정 형사, 안 형사, 그리고 경찰들이 모습을 드러냈다. 김수창은 이미 포위된 상황. 사람들은 갑작스런 상황에 모두 크게 놀랐다. 경찰이 포위망을 좁히면서 동시에 시민들을 대피시키기 시작했다. 그러자 김수창이 다시 소리를 질렀다.

"이게 단순한 휴대 전화라고 생각하면 오산이야. 내가 버튼만 누르면 '펑!' 하고 한국건설은 그대로 날아가는 거라고. 알았어?"

그러자 태양이가 나서며 말했다.

"맘대로 해 보시죠. 하지만 헛수고일 거예요. 폭탄은 이미 제거됐으니까요."

흠칫 놀라는 김수창. 그러나 김수창은 더 크게 소리를 질렀다.

"거짓말하지 마. 그렇게 쉽게 찾을 수 있는 폭탄이 아니거든."

별이가 말했다.

"그렇더군요. 하지만 찾았어요. 액체 폭탄이던데요."

다시 놀라는 김수창.

"좋아. 한 개는 찾았나 보군. 하지만 미안해서 어쩌지? 폭탄은 한 개가 아닌데."

이번엔 철민이가 말했다.

"알아요. 모두 세 개더군요."

그러자 사색이 되는 김수창. 순간, 안 형사가 재빨리 뛰어들어 김수창을 제압했다. 그 덩치에도 어찌나 빠르고 잽싸던지 모두들 깜짝 놀랐다. 정말 대단하다.

예상대로 김수창은 회사에서 거의 반강제로 명예퇴직을 당한 것에 불만을 품고 일을 저지른 것이었다.

"흑흑흑. 15년을 몸 바쳐 일한 회사에서 잘리고 나니, 세상이 다 끝난 것 같았어요. 늙으신 어머니와 단둘이 사는데, 이제 어떻게 해야 하나 걱정되었어요. 그래서 돈이라도 뜯어내서 외국에 나가 살려고 했

습니다. 하지만 진짜 폭발하는 것은 아니에요. 인터넷에서 배운 대로 했는데, 생각보다 쉽지 않더군요."

헉, 뭔가! 그렇다면 액체 폭탄을 만드는 것은 실패했다는 뜻. 결국 거짓 협박을 했다는 말이다. 폭탄이 터질까 봐 전전긍긍하며 이리저리 뛰어다닌 것을 생각하니, 약이 오른 아이들. 하지만 그래도 큰 사고 없이 잘 해결되었으니 불행 중 다행이다.

사건이 해결된 후, 한국건설 사장은 특별 지시를 내렸다. 회사 차원에서 강기철에게 알맞은 보상을 해 주라는 것. 강기철의 아버지와 어머니는 고마움에 눈물을 흘렸다. 게다가 그사이 강기철의 의식도 돌아왔다니, 정말 잘된 일이다.

그러다 보니, 시간은 벌써 오후 7시. 일 년 내내 파란만장했는데, 한 해의 마지막마저도 정말 시끌벅적하게 지나가 버렸다.

철민이가 들려주는 사건 해결의 열쇠

정해진 시간 안에 폭탄을 찾아내 제거해야만 했던 사건. 용의자의 집에서 과산화수소와 아세톤이 들어 있던 빈 병을 보고 액체 폭탄을 제조했음을 알아낼 수 있었던 것은 화학 반응과 폭탄에 대해 잘 알았기 때문이야.

💡 화학 반응이란?

공기 중에서 불꽃이 일어나고 비 맞은 쇠못이 녹슬고, 오븐에서 맛있는 케이크가 구워지는 등 우리 주변의 물질들은 서로서로 반응하여 새로운 물질을 만들어 내지. 이렇게 두 가지 이상의 물질이 결합해 완전히 새로운 물질이 생기는 것을 '화학 반응'이라고 해.

화학 반응을 잘 이용하면 우리 생활에 필요한 여러 가지 물질들을 만들 수 있지.

오븐에서 케이크가 구워지는 것

못이 녹스는 것

〈여러 가지 화학 반응〉

 반응 속도

그런데 화학 반응에는 '빠른 반응'과 '느린 반응'이 있어. 화학 반응이 일어나면 처음 있던 물질(반응 물질)은 그 양이 감소하고, 새로 생성되는 물질(생성 물질)의 양이 증가하게 되지. 이때 일정 시간 동안에 반응 물질이 느리게 없어지는 것을 느린 반응이라고 해. 철이 녹스는 현상이나 석회암 동굴의 형성, 우리 몸속에서 음식물이 산소와 반응하여 에너지를 생성하는 현상 등은 느린 반응이라고 할 수 있지.

반면에, 일정 시간 동안에 반응 물질이 빠르게 없어지는 것을 빠른 반응이라고 해. 산소와 반응해 물과 이산화탄소, 열을 만들어 내는 연소 현상은 연료에 불을 붙이자마자 일어나므로 빠른 반응이라 할 수 있어. 불꽃놀이나 화약 폭발도 빠른 반응이지.

석회암 동굴

불꽃놀이

〈느린 반응과 빠른 반응〉

폭발과 반응 속도

'폭발'이란 물질이 급격한 화학 변화나 물리 변화를 일으켜 부피가 몹시 커지면서 폭발음이나 파괴 작용이 따르는 것을 말해. 폭발이 일어나면 주로 높은 열과 기체를 발생하게 돼. 폭발 반응이 엄청난 양의 열을 발산하기 때문에, 이 열로 인해 기체의 부피가 급격하게 팽창하게 되는 거지.

만약 폭발 반응이 천천히 일어난다면 어떻게 될까? 열과 기체가 주변으로 흩어지기 때문에 폭발의 특징인 격렬한 압력 상승이나 파괴적인 충격력은 나타나지 않게 될 거야.

액체 폭탄

폭발 반응을 일으키는 물질을 '폭약'이라고 하고, 폭약을 사용한 폭발물을 '폭탄'이라고 하지. 그래서 액체 폭약을 사용하면 액체 폭탄, 고체 폭약을 사용하면 고체 폭탄이라고 해.

액체 폭탄은 액체 폭약과 폭발을 일으키는 기폭 장치, 그리고 기폭 장치를 작동시키는 전자 장치로 구성되어 있어. 그런데 액체 폭탄은 음료수 병이나 캔에 쉽게 숨길 수 있고, 볼펜 꼭지 정도의 작은 기폭 장치와 건전지로 작동하는 전자 장치만 있으면 되기 때문에 위장하기가 쉬워. 또 엄청난 폭발력 때문에 적은 양으로도 큰 피해를 줄 수 있지.

액체 폭탄에 가장 많이 쓰이는 원료는 나이트로글리세린이야. 나이트로글리세린의 폭발로 생기는 기체는 보통의 실내 온도와 압력하에서 원래 부피의 1,200배 이상으로 급격하게 팽창하고, 열은 5,000℃ 이상이나 높아지지. 그 결과 아주 짧은 시간에 압력이 2만 기압으로 올라가면서 폭발 파동은 약 초속 7,700m/s의 속도로 움직인다니, 정말 대단한 폭발력이라 할 수 있지.

 소독약으로 쓰이는 과산화수소는 트리아세톤 트리페록사이드(TATP)라는 폭발 물질과 섞이면 강력한 폭탄으로 변해. 이는 2005년에 52명의 사망자를 낸 런던 지하철 테러 사건 때도 쓰였지.

 그래서 최근 여러 나라에서는 액체 폭탄에 대한 경비를 강화하고 있어. 비행기에 탈 때에는 모든 액체와 음료, 헤어 젤, 로션 등은 물론이고, 기폭 장치로 쓰일 수 있는 휴대용 컴퓨터와 카메라, 휴대 전화, DVD 플레이어, MP3 및 배터리가 들어간 전자 제품도 갖고 들어갈 수 없지.

 그러니까 생각해 봐. 처음에는 고체 폭탄인 줄로만 알고 금속 탐지기와 일반 폭발물 탐지기를 썼기 때문에 폭탄을 찾을 수 없었어. 그런데 용의자의 집에서 과산화수소와 아세톤이 들어 있던 빈 병을 발견하고는 액체 폭탄을 만들었음을 알아낼 수 있었지. 결국 페트병에 든 액체 폭탄을 찾아내 제거함으로써 사건을 해결할 수 있었던 거야.

사건 4

유괴범을 잡아라!

"3일 전에 유괴 사건이 일어났어요. 아이의 안전 때문에 비밀리에 수사를 진행했죠. 그리고 그저께 밤에 유괴범이 요구한 돈을 주고 아이를 무사히 찾긴 했는데, 그만 유괴범을 놓치고 말았어요."

겨울 캠프를 떠나다

해가 바뀌고 일주일간의 방학이 끝나자, 아이들은 아침 일찍 공항에 모였다. 'CSI' 네 명뿐 아니라 운동이, 화산이, 남우, 원소까지 모두 8명. 서로 못 본 지 일주일밖에 안 됐는데도 다시 모이니 무척 반가웠다. 아이들이 모두 모인 이유는 함께 겨울 캠프를 가기 위해서였다. 게다가 이번 캠프 장소가 제주도라니, 모두들 기대 만발.

"선배들 캠프 가는 거 보니까 만날 깊은 산골에서 고생만 하던데, 이게 웬 떡이냐! 하하하."

철민이가 좋아서 수선을 떨었다. 다른 아이들도 맞장구쳤다.

"그러게 말이야. 난 제주도 처음 가 보는데. 완전 기대돼."

원소의 말에 운동이가 슬쩍 잘난 척을 했다.

"난 세 번이나 가 봤는데. 볼 것도 많고 맛있는 것도 많고, 정말 좋긴 좋더라."

그런데 기대에 가득 찬 아이들을 보는 정 형사와 안 형사의 표정이 영 심상치 않다.

'지금 실컷 좋아해라, 흐흐흐.'

딱 그 표정이다. 박 교장과 어 형사는 학교 일 때문에 함께 갈 수 없어서 정 형사와 안 형사만 가게 되었다. 그런데 둘 다 노는 것과는 전혀 어울리지 않는 사람이니, 아이들은 불안할 수밖에. 그때였다.

"오오, 예쁜이들. 다 모였나?"

안 봐도 어 형사다.

"너희들, 다 내 덕인 줄 알아라. 교장 쌤이 군사 훈련 보내자고 하시는 걸 내가 딱 막았다니까."

"정말요? 감사해요, 교무부장님~."

철민이가 아부를 떨었다. 박 교장이 말했다.

"그래, 조심해서 다녀와라. 정 형사님, 안 형사님 말씀 잘 듣고."

"네!"

합창하듯 대답하는 아이들. 정말 좋긴 좋은가 보다.

잠시 후 아이들은 어 형사, 박 교장의 배웅을 받으며 비행기에 탔다.

1시간 정도 지나자 드디어 비행기가 제주도에 도착했다.

그런데 한껏 들뜬 아이들의 마음과는 달리 제주 공항의 분위기가 영 이상하다 못해 살벌했다. 여기저기 경찰들이 배치된 것을 보면 분명 무슨 일이 있는 것 같았다. 궁금한 건 절대 못 참는 철민이가 지나가는 사람에게 물었다.

"무슨 일 있어요?"

"몰라. 휴가철 특별 단속 기간인가 보지."

하기야 겨울 방학 기간이라 그런지 공항은 여행객들로 북적거렸다. 아이들은 그런가 보다 하고 대기하던 차를 타고 숙소로 향했다.

아이들은 숙소에 도착해 짐을 풀었다. 잠시 후 안 형사가 아이들을 불러 모았다.

"오늘은 바닷가 구경도 하고 실컷 놀아라."

"정말요?"

모두들 깜짝 놀랐다. 실컷 놀라고? 여태 안 형사에게서 한 번도 들어 보지 못한 말이다.

"그래. 왜, 싫어?"

"아니, 아니요. 좋아요."

행여 말 한번 잘못했다가 안 형사가 바로 취소해 버릴까 봐 모두들 난리가 났다. 아이들은 곧바로 바닷가 구경에 나섰다. 겨울이라 바닷바람이 꽤 찼지만 그래도 겨울 바다는 낭만의 대명사가 아니던가! 딱 영화 한 편 찍고 싶은 기분이었다.

바닷가 구경을 마친 아이들은 숙소로 돌아와 저녁 식사를 했다. 이제 피곤할 만도 한데 아이들은 지친 기색 없이 게임을 하며 시간 가는 줄 몰랐다. 그렇게 캠프의 첫날 밤이 지나갔다.

 올림픽을 시작하다

그런데 다음 날 아침 7시.

"애~~앵. 앵~앵~앵~♪."

요란한 확성기 소리에 모두 깜짝 놀라 잠에서 깨어났다. 지난밤 여자아이들은 여자아이들끼리, 남자아이들은 남자아이들끼리 수다를 떠느라 새벽까지 잠을 못 잤으니, 모두 어리벙벙한 상태. 그런데 안 형사는 아이들에게 잠이 확 달아날 만큼 끔찍한 소식을 전했다.

"아침 식사 후 8시부터 어린이 형사 학교가 주최하는 제주도 올림픽을 시작하겠다."

제주도 올림픽? 도대체 그게 뭔가? '체력이 곧 실력'이라는 안 형사의 철학을 제주도까지 와서도 실천하겠다는 말씀?

아이들이 어리둥절해 하자, 정 형사가 부연 설명을 했다.

"오늘부터 3일 동안 두 팀으로 나눠서 세 가지 경기를 한다. 물론 이긴 팀에게는 깜짝 놀랄 만한 상이 기다리고 있다."

"상이라고요?"

상이라는 말에 귀가 솔깃해진 아이들. 지난번 가을 소풍 때 보물찾기 상품도 꽤 괜찮았다. 그렇다면 이번엔 더 좋은 상이 아닐까? 보물찾기와 올림픽은 급이 다르니까. 갑자기 의욕이 불끈 솟는 아이들.

"종목이 뭔데요?"

남우가 묻자, 안 형사가 대답했다.

"종목은 그날그날 발표된다. 오늘은 숙소 앞에서 출발해서 성산 일출봉까지 가는 자전거 경주."

가만, 여기가 제주시니까 성산 일출봉이라면, 제주도 해안을 끼고 한참을 가야 되는 곳 아닌가?

"거리가 얼마나 되는데요?"

태양이가 묻자 정 형사가 대답했다.

"45km밖에 안 돼."

헉, 45km나 된다고! 그것도 자전거로! 완전 죽음이다. 열심히 달려 1시간에 10km를 간다고 해도 4시간 반 이상이 걸린다. 게다가 그냥 가는 것도 아니고 누가 먼저 도착하는지 경주를 한다니!

어제 실컷 놀라고 할 때부터 아니, 제주도로 캠프를 간다고 할 때부터 불안하긴 했다. 하지만 이제 와서 어떡하랴! 헤엄쳐 돌아갈 수도 없고 시키는 대로 해야지.

아이들은 의논 끝에 지난번과 같이 '얼씨구 팀'과 '절씨구 팀'으로 나

누기로 했다. 그러니 강별, 최운동, 양철민, 소남우가 얼씨구 팀. 신태양, 송화산, 장원소, 황수리가 절씨구 팀.

지도와 비상금을 받은 아이들은 자전거를 타고 성산 일출봉을 향해 출발했다. 그렇게 제주도 올림픽의 첫 번째 경기가 시작되었다.

제주시에서 성산 일출봉까지는 바닷가 옆으로 난 해안 도로를 따라가기만 하면 되니, 길을 잃을 염려는 없었다. 그런데 문제는 바람이었다. 예부터 '삼다(三多)'라고 해서 제주도에 많은 세 가지 중 하나가 '바람'인 줄은 알았지만, 이렇게 매서울 줄은 몰랐다. 겨울치고는 따뜻한 날씨인데도 불구하고 세찬 바닷바람을 맞으며 달리다 보니, 아이들의 두 뺨은 금세 새빨개졌다.

뿐만 아니라 절씨구 팀은 또 다른 문제가 있었다. 원소가 자전거를 잘 못 탄다는 것이다. 얼씨구 팀은 벌써 출발했는데, 절씨구 팀은 흔들흔들 중심을 못 잡는 원소 때문에 한참이 지난 다음에야 출발할 수 있었다. 그것도 태양이가 잡아 줘서 겨우겨우 출발했다. 원소는 자기 때문에 늦게 출발하게 된 것이 미안했다.

"미안해, 나 때문에."

그러자 태양이가 말했다.

"괜찮아. 이제 시작인데 뭐. 오래 달려야 하니까 처음부터 너무 욕심내면 안 돼."

그러면서 환하게 웃는 태양이.

이를 본 수리는 '역시 태양인 멋지구나.'라고 생각했다. 그리고 솔직히 태양이를 보며 웃는 원소에게 살짝 질투도 났다.

고향에 가 있느라 며칠 못 본 사이, 자꾸 태양이가 보고 싶었던 수리. 어느새 자신이 태양이를 좋아하고 있다는 것을 확실히 알게 되었다. 그러니 태양이랑 같이 제주도에서 자전거를 탈 수 있다는 것만 해도 얼마나 행복한 일인가!

그런데 1시간쯤 달렸을까? 원소가 그만 페달에 걸려 넘어지면서 다치고 말았다. 다행히 많이 다치지는 않았지만 무릎과 손바닥이 까지면서 피가 났다.

"잠깐만. 나한테 비상약이 있어."

태양이가 상처에 바르는 연고를 꺼내 원소의 다리에 발라 주려고 하자, 원소가 얼른 다리를 빼며 말했다.

"아니야, 내가 할게."

원소는 아무래도 쑥스러운 듯. 그러자 멈칫하는 태양이. 얼른 수리가 나섰다.

"내가 발라 줄게."

수리가 원소 다리에 약을 바르고 밴드를 붙여 주었다. 그리고 잠시 쉰 다음, 다시 출발했다. 아까보다 훨씬 더 속도를 내지 못하는 상황. 얼씨구 팀은 한참 앞서 갔을 텐데, 어쩌나. 하지만 절씨구 팀은 원소가 무리하지 않도록 신경 쓰며 조심스럽게 달렸다.

그런데 엎친 데 덮친 격으로 갑자기 겨울비까지 쏟아지는 바람에 모두 물에 빠진 생쥐 꼴이 되고 말았다. 도대체 왜 이리 고생을 시키는지, 정말 너무하는 거 아닌가!

 승리는 얼씨구 팀!

한편, 지난번 보물찾기 시합에서 진 얼씨구 팀은 이번에는 꼭 이기고 말겠다는 굳은 각오로 점심도 먹지 않고 열심히 달렸다. 덕분에 2시쯤 되자, 성산 일출봉 입구에 도착할 수 있었다. 여섯 시간 정도 걸렸으니, 나름 엄청난 속도로 온 것.

입구에서 기다리던 정 형사와 안 형사가 깜짝 놀라며 말했다.

"헉! 너희들 벌써 왔어?"

"대단하다, 대단해."

별이가 다급하게 물었다.

"절씨구 팀은 아직 안 왔죠?"

"그래, 아직 안 왔다."

"아싸!"

모두 좋아서 난리가 났다. 절씨구 팀은 그로부터 2시간이나 지난 4시쯤 도착했다. 당연히 승리는 얼씨구 팀. 원소는 자기 때문에 졌다며 미안해 했지만, 다치면서까지 포기하지 않은 원소에게 모두 박수를 보내 주었다.

아이들은 잠시 쉰 다음, 다시 기운 내서 성산 일출봉에 올랐다. 정상의 모습은 정말 놀라웠다. 세계자연유산으로 등재된 성산 일출봉의 높이는 해발 182m이고, 정상의 분화구는 지름이 약 600m. 그리고 그 주위에는 99개의 바위 봉우리가 마치 성처럼 빙 둘러서 있어서 '성산'이라고 하고, 해돋이가 유명하여 '일출봉'이라 부른다고 한다.

또 원래는 육지와 떨어진 섬이었으나, 너비 500m 정도의 모래 둑이 1.5km에 걸쳐 발달하여 일출봉과 제주도를 이어 놓았다고 한다. 자연의 위대함과 오묘함에 아이들은 모두 입이 떡 벌어졌다.

 뜻밖의 손님

아이들이 숙소로 돌아와 저녁을 먹고 쉬고 있을 때였다. 정말 뜻밖의 손님이 찾아왔다.

"저, 여기 혹시 안미인 형사 있습니까?"

우아, 완전 잘생긴 아저씨, 아니 오빠다. 그런데 안 형사를 찾는다. 철민이가 벌떡 일어나 대답했다.

"네, 계신데요. 그런데 누구세요?"

모두 호기심 가득한 얼굴로 쳐다보았다.

"어, 인기남! 여기 웬일이야?"

안 형사다. 그런데 이제껏 한 번도 들어 보지 못한 나긋나긋한 목소리에 얼굴까지 빨개져 있는 것이 아닌가! 안 형사한테 이런 여성스러운 면이 있었던가? 모두들 깜짝 놀랐다. 그렇다면 애인?

"어, 기남이네! 오랜만이다."

정 형사다. 그럼 정 형사도 아는 사람?

"와, 선배님! 선배님도 오셨어요?"

선배님이라고 하는 걸 보니, 혹시 경찰 학교? 맞다. 안 형사와는 경찰 학교 동기이며 정 형사에게는 후배. 잘생긴 외모로 봐서 이름처럼 인기 꽤나 있을 법해 보였다. 제주도가 고향이라서 경찰 학교 졸업 후 제주경찰서에 있다는데, 안 형사의 안부 전화를 받고 얼굴이나 한번 보려고 들렀다는 것.

"바쁜데 뭐하러 여기까지 왔어. 제주도에 온 김에 오랜만에 전화 통화만 하고 가려던 건데."

그러면서 살짝 부끄럼까지 타는 안 형사. 아무래도 수상하다. 그런데 잠시 후, 인기남은 조심스럽게 말을 꺼냈다.

"사실 부탁할 게 있어서 왔어."

부탁이라니, 갑자기 무슨 부탁? 모두의 시선이 인기남에게 쏠렸다. 정 형사가 말했다.

"너희는 잠깐 나가 있을래?"

아이들이 아쉬워하며 일어나려고 할 때였다.

"아니, 아니에요. 'CSI'에게 부탁하려는 거예요."

'CSI'에게? 그렇다면 혹시 사건?

"3일 전에 유괴 사건이 일어났어요. 아이의 안전 때문에 비밀리에 수사를 진행했죠. 그리고 그저께 밤에 유괴범이 요구한 돈을 주고 아이를 무사히 찾긴 했는데, 그만 유괴범을 놓치고 말았어요."

"아, 그래서 공항 경비가 그렇게 삼엄했던 거군요!"

철민이의 말에 인기남은 고개를 끄덕였다. 자세히 들어 보니, 3일 전 오후 5시쯤, 나혜지라는 7살 여자아이가 한 리조트의 놀이터에서 유괴당했다는 것. 아이의 아버지는 그 리조트에 근무하는 나상만 이사. 본사에서 제주도로 발령받아 혼자 내려와 있었는데, 방학을 맞아 엄마가 아이를 데리고 왔다는 것. 그런데 아빠를 따라 리조트에 온 아이가 아빠가 잠깐 사무실에 올라간 사이에 없어졌다는 것이다.

"리조트라면 CCTV가 있지 않나요?"

별이가 물었다.

"불행히도 아이가 납치된 곳에는 없었어. 리조트 뒤쪽에 있는 작은 놀이터였거든."

"그래도 리조트라면 사람들이 많이 모이는 곳이잖아. 그런데 목격자도 없었어?"

안 형사의 말에 인기남은 고개를 끄덕였다.

"그게 이상하다니까. 아무리 찾아도 목격자가 없는 거야."

"그렇다면 범인은 리조트 주변 지리를 잘 아는 사람일 가능성이 높겠군. 사람들 눈에 띄지 않게 아이를 데려갔으니까."

정 형사의 말에 태양이도 동의했다.

"맞아요. 게다가 이곳에 사는 아이도 아니고, 여행 온 아이를 유괴했다면, 그 아이에 대해 잘 아는 사람일 가능성이 높은 거 같아요."

그러자 인기남은 괴로운 표정으로 말했다.

"그래. 그래서 리조트 직원들부터 시작해서 주변 사람들까지 샅샅이 조사했는데, 아직까지 수상한 사람을 발견하지 못했어."

범인은 아이를 유괴한 날 밤 10시 30분쯤에 부모에게 전화를 걸었다. 그러고는 다음 날 밤 10시까지 5000만 원을 주면 아이를 풀어 준다고 했다. 아이의 부모는 시키는 대로 약속 장소에 돈을 갖다 놓았다.

"현장에 잠복해 있는데 갑자기 오토바이 한 대가 요란하게 지나가는 거야. 혹시 범인인가 해서 뒤쫓아 갔는데, 놓치고 말았어. 그런데 그 사이 돈 가방이 싹 사라졌더라고."

결국 아이를 찾긴 했지만, 범인은 놓친 것.

"아이가 일곱 살이면 범인의 인상착의를 기억할 수 있을 텐데요?"

별이의 물음에 인기남이 대답했다.

"충격을 많이 받았나 봐. 정신과 의사가 계속 지켜보고 있는데, 아직 아무 말도 안 하는 상태야. 의사까지도 무서워하는 걸 보면 어른에 대한 공포가 생긴 것 같아."

"엄마, 아빠도요?"

"다행히 엄마, 아빠한테는 말을 하는데, 그 일에 관해서는 일체 말을 안 해. 그래서 부탁인데, 'CSI'가 아이를 좀 만나 보면 어떨까? 혜지가 외동딸이라 형제도 없고, 이곳엔 친구도 없어서 많이 불안해 하는 거 같아. 그러니까 혜지랑 놀아 주면서 자연스럽게 대화해 보면 좋을 것 같은데. 어떻게 안 될까?"

그러자 정 형사가 말했다.

"아이가 받은 충격을 생각한다면 빨리 서울로 올려 보내는 게 좋지 않을까? 범인 잡으려다 아이한테 상처만 더 주는 거 아냐?"

맞는 말이다. 인기남은 괴로운 표정으로 말했다.

"맞는 말씀이세요. 그런데 워낙 증거가 부족한 상태라서……. 일단 혜지 부모님도 2, 3일 더 있는 것에는 동의해 줬어요."

'CSI'와 안 형사는 사건 해결을 도와주기로 결정했다. 결국 예정되었던 경기는 중단되고, 나머지 아이들과 정 형사는 별도의 프로그램을 진행하기로 했다.

 수사를 시작하다

다음 날 아침, 수리와 별이는 안 형사와 함께 혜지를 만나러 갔다. 철민이와 태양이는 인기남 형사와 함께 사건 현장에 가 보기로 했다.

안 형사는 밖에서 기다리고 수리와 별이가 혜지의 방으로 들어갔다. 인형 놀이를 하던 혜지는 두 아이를 보자마자 잔뜩 경계하기 시작했다.

"안녕, 난 별이야."

"난 수리야. 혜지가 심심하다고 해서 같이 놀려고 왔어."

그러나 얼른 고개를 돌려 버리는 혜지. 별이가 다가가며 말했다.

"같이 놀자, 혜지야."

그러자 수리가 조용히 말했다.

"잠깐 그냥 두자."

별이는 자신도 외동딸인 데다 사촌 동생도 없어서 동생들하고 어떻게 놀아 줘야 하는지 전혀 감이 안 잡혔다. 하지만 수리는 나이 어린 사촌 동생이 있어서 아이들과 어떻게 놀아야 하는지 잘 알았다.

별이와 수리는 소꿉장난을 시작했다. 둘이 요리 만드는 놀이를 하며 혜지를 주의 깊게 살폈다. 잠시 후 혜지가 자꾸 아이들 쪽을 쳐다보는 것이 느껴졌다. 그리고는 점차 별이와 수리에게 다가오는 혜지. 그러자 수리가 슬쩍 말을 걸었다.

"어머나, 손님 오셨네. 어서 오세요."

혜지가 살짝 웅크리며 소극적인 태도를 보였다. 별이도 이때다 싶어 얼른 끼어들었다.

"제가 맛있는 케이크 만들었는데, 좀 드실래요?"

혜지가 작은 목소리로 대답했다.

"네."

언니들 노는 모습이 재미있어 보였는지 혜지는 자연스럽게 소꿉놀이에 끼어들었다. 그렇게 셋은 한참을 재미있게 놀았다.

그사이 태양이와 철민이는 인기남 형사와 함께 사건 현장으로 갔다. 리조트 뒤쪽에 위치한 작은 놀이터에는 미끄럼틀, 그네 등 놀이 기구가 있었다. 건물 뒤쪽이라 그런지 생각보다 외진 곳이었다.

누군가가 우연히 이곳에 왔다가 혼자 노는 아이를 발견하고 데려갔을 가능성은 높지 않아 보였다. 한마디로 우연히 이루어진 범행이 아니라 사전에 철저히 계획된 것이란 뜻이다. 그렇다면 이곳에 대해 잘 아는 사람일 가능성이 높다. 도대체 범인은 누굴까?

바로 그때였다. 미끄럼틀 근처의 모래밭을 뒤지던 태양이가 말했다.

"어, 단추네."

태양이가 내민 것을 보니, 볼록한 회색 플라스틱 단추였다. 태양이가 미끄럼틀 뒤 모래밭을 가리키며 말했다.

"여기 떨어져 있었어요. 혹시 범인의 옷에서 떨어진 게 아닐까요?"

"사건 직후에 샅샅이 뒤졌을 때는 없었는데, 어디에서 나온 거지?"

인기남이 이상하다는 듯 말했다. 현장 출입을 금지했으니, 다른 사람이 들어왔을 리도 없을 텐데 말이다. 태양이가 말했다.

"모래밭에 파묻혀 있다가 어제 비가 오는 바람에 모래가 흩어지면서 보인 게 아닐까요?"

일리 있는 말이다.

"그런데 양복 단추는 아니고 제복 단추 같은데!"

철민이의 말에 태양이가 자세히 살펴보았다. 단추에는 무슨 문양 같은 게 새겨져 있었다. 아이들은 단추를 증거물 봉지에 넣었다. 물론 사건 현장에서 나왔다고 해서 모두 범인의 것이라고는 할 수 없지만, 혹시 모르니 일단 지문 감식부터 해 보기로 했다.

그런데 아이들이 막 리조트 현관으로 돌아왔을 때였다. 태양이의 눈에 확 띄는 것이 있었으니, 바로 리조트 직원의 상의 단추. 방금 놀이터에서 찾은 단추와 똑같았다. 그러고 보니, 단추에 새겨진 문양은 바로 리조트의 문양. 크기로 봐서는 소매 끝 단추인 듯싶었다. 철민이도 그 사실을 알아차렸다.

"그럼 범인은 리조트 직원 중 한 명이 아닐까?"

철민이의 말에 태양이가 걱정되는 듯 말했다.

"그럴 수도 있겠지. 하지만 이것만으로는 아무 단서도 안 돼. 게다가 지문이 비에 씻겨 내려갔으면 안 나올 수도 있어."

그렇다면 참 걱정이다. 보다 명확한 단서가 필요하다.

 수상한 그림

한편, 별이와 수리는 혜지와 그림을 그리며 놀았다. 혜지는 그림을 꽤 잘 그렸다. 그런데 혜지가 그린 그림을 보니, 좀 이상했다.

별이가 물었다.

"혜지야, 이게 뭐야?"

혜지가 대답했다.

"산."

산? 산을 그린 이유가 뭘까? 별이가 슬쩍 물었다.

"멋진 산이다. 어디에 있는 산이야?"

그러자 갑자기 벌떡 일어나며 딴소리를 하는 혜지.

"언니, 인형 놀이 하자."

대답하고 싶지 않다는 뜻. 별이와 수리는 더 이상 묻지 않았다. 어느덧 2시간이 훌쩍 지나, 점심 먹을 시간이 되었다. 혜지는 수리와 별이가 맘에 들었는지 가지 말라고 했다. 별이는 내일 다시 놀러 오겠다는 약속과 함께 슬쩍 물었다.

"아까 혜지가 그린 그림이 언니 맘에 쏙 드는데. 그거 언니한테 선물로 줄 수 있어?"

그러자 혜지는 잠시 망설이다가 가만히 고개를 끄덕였다.

그림을 본 안 형사도 뭔가 이상하다는 생각이 들었다.

"미술 심리 전공하신 분이 있나 알아봐야겠군."

별이와 수리도 그렇게 하는 것이 좋겠다고 말했다. 혹시 사건과 관련된 장소일 수도 있다는 생각이 들었기 때문이다.

숙소로 돌아와 보니, 철민와 태양이는 물론 다른 아이들도 벌써 돌아와 있었다.

"관광 간 거 아니었어?"

수리가 물었다.

"박물관만 갔다 그냥 돌아왔어. 어떻게 됐는지 궁금하기도 해서."

운동이가 대답했다. 솔직히 수사에 참여하지 못해 아쉽기도 하고, 또 궁금하기도 해서 관광이 별로 흥이 나지 않았다. 그래서 숙소에서 점심을 먹자며 돌아온 것이었다.

한편, 별이가 혜지의 그림을 보여 주자 철민이가 말했다.

"그런데 산 모양이 좀 이상하지 않아? 제주도에 있는 산은 다 화산이라면서. 그럼 한라산이나 어제 본 성산 일출봉처럼 산꼭대기에 분화구가 있어야 되는 거 아냐?"

별이가 설명했다.

"맞아. 화산은 땅속에 있는 마그마가 지표로 분출해서 만들어진 산을 말하지. 마그마가 분출해서 원뿔이 뒤집어진 모양으로 움푹 팬 화산 꼭대기를 '화구' 또는 '분화구'라고 해. 그리고 땅속에서 화구로 통하는 마그마의 통로를 '화도'라고 하지. 또 큰 화산의 중턱이나 기슭에 만들어진 작은 화산을 '기생 화산'이라고 하는데, 제주도에서는 '오름'이라고 불러. 제주도에는 약 368개나 되는 오름이 있는데, 네 말대로 다 분화구가 있어."

"그래! 어제 성산 일출봉에 가면서 많이 봤잖아."

백두산 천지와 한라산 백록담의 차이는?

물론 둘 다 화산이야. 그리고 산꼭대기에는 커다란 분화구가 있지. 그런데 천지는 '칼데라 호'라고 부르고, 백록담은 '화구호'라고 해. 왜냐하면 분화구에 물이 고이면 호수가 되는데, 보통 지름이 3km 이상으로 큰 것은 칼데라 호, 1km보다 작은 것은 화구호라고 하거든. 한라산 백록담의 둘레는 3km, 지름은 500m 정도 되지. 칼데라는 에스파냐 어로 '냄비'라는 뜻으로, 냄비처럼 우묵하게 팬 곳에 물이 담겨 있다는 의미야. 아주 강렬한 화산 폭발로 인해 꼭대기가 없어지거나 꺼져서 생기지.

운동이가 아는 척을 했다. 자전거를 타고 해안가를 달리며 여러 개의 오름을 본 기억이 났기 때문이다.

"그러니까 만약 사건과 관련된 산을 그렸다면 제주도에 있는 산을 그렸을 텐데, 그럼 산꼭대기가 이렇게 동그라면 안 되잖아."

철민이가 다시 의문을 제기했다. 그런데 바로 그때였다.

"아니야. 다 그런 건 아니야."

화산이었다. 모두의 시선이 쏠리자 화산이는 설명을 시작했다.

"화산의 모양은 마그마가 지표 밖으로 분출되는 방법이나 용암의 종류에 따라 달라져. 화산 쇄설물(화산의 분화로 분출되는 고체 물체)의 양이 매우 적고 점성이 작은 용암은 움직임이 크기 때문에 완만하고 얇게 퍼져, 마치 방패를 엎어 놓은 듯 경사가 완만한 화산이 만들어지는데, 이를 '순상 화산'이라고 해. 한라산과 제주도에 있는 오름 대부분이 순상 화산이야. 반면에, 점성이 큰 용암이 분출되면 멀리까지 흘러갈 수 없기 때문에 분화구 위쪽에 쌓여서 경사가 급하고 종 모양의 화산이 만들어지는데, 이를 '종상 화산'이라고 하지."

그러자 별이가 물었다.

화산재는 얼마나 멀리 날아갈까?

2010년 4월에 아이슬란드에서 화산이 폭발하면서 그 화산재가 유럽의 하늘을 뒤덮었어. 그래서 며칠 동안 비행기 운항이 중단되기도 했지. 화산이 폭발하면 화산재는 30킬로미터 높이로 솟아올라 2시간 만에 수백 킬로미터나 퍼지기도 해. 솟아오른 화산재는 하늘에서 구름에 섞였다가 다시 비와 함께 땅과 바다에 내리지. 이렇게 화산재는 날씨에 영향을 주기도 하고, 공해가 되어 삼림과 농작물에 피해를 주기도 해.

"그건 나도 알아. 하지만 제주도의 화산은 다 순상 화산 아니야?"

모두의 시선이 화산이에게 쏠렸다.

"아니야. 종상 화산도 있어. 딱 한 곳."

"그게 어딘데?"

수리가 다급하게 물었다.

"산방산. 제주도 남서쪽에 위치한 산방산은 제주도에 딱 하나 있는 종상 화산이야. 높이는 395m, 경사가 아주 급하지. 그리고 제주도의 다른 화산들과 달리 정상에 분화구가 없어."

그건 별이도 몰랐다. 분화구가 없는 화산이 있다는 것쯤은 알았지만, 제주도에 그런 곳이 있는 줄은 몰랐던 것.

그렇다면 혜지가 그린 그림은 산방산? 태양이가 잽싸게 제주도 관광 사진에서 산방산을 찾았다. 그리고 혜지가 그린 그림과 비교해 보니, 정말 비슷했다. 태양이가 물었다.

"그럼 혜지는 왜 산방산을 그린 걸까?"

그러자 남우가 의견을 냈다.

"혜지한테 이 사진을 보여 주는 건 어떨까?"

아이들은 안 형사와 인기남에게 자신들의 생각을 전했다. 인기남은 산방산 사진과 혜지의 그림을 번갈아 보더니 말했다.

"그래, 비슷한 거 같네. 그런데 제주도 남서쪽에는 큰 산이 없기 때문에 어디에서든 산방산이 보이거든. 이것만 가지고 혜지가 있던 곳을 찾아낼 수 있을까?"

물론 쉽지 않을 수도 있다. 하지만 지금으로서는 다른 방법이 없다. 결국 산방산 사진을 혜지에게 보여 주기로 했다. 아이들은 곧바로 혜지네 아파트로 갔다. 별이와 수리를 보자, 혜지는 수줍어하면서도 반가운 표정을 지었다. 그런데 산방산 사진을 보여 주자, 갑자기 혜지가 울기 시작하는 것이 아닌가.

"무서워, 흑흑흑."

"이게 왜? 산이잖아."

엄마의 말에도 혜지는 계속 무섭다는 말을 반복했다.

"이거 어디서 봤는데?"

엄마가 물어도 계속 울기만 하는 혜지.

"그만 됐어요. 미안, 혜지야. 이젠 안 보여 줄게. 아, 이거 무서운 거니까 그냥 찢어 버릴까?"

별이의 말에 혜지는 고개를 끄덕였다. 별이는 혜지가 보는 앞에서 그 사진을 찢어서 휴지통에 버렸다. 별이의 행동에 혜지의 마음이 진정되는 것 같았다.

이로써 산방산이 이번 사건과 관련 있음이 분명해졌다.

 용의자를 찾다

"리조트 직원 중에 산방산 근처에 사는 사람이 있는지 찾아보자."

태양이가 말했다. 놀이터에서 주운 단추가 직원들의 제복 단추였으니, 혹시나 해서였다. 그런데 있다, 정말 있다.

"이름은 박상철. 들어온 지 석 달 됐는데, 입사할 때 주소가 산방산 근처 마을로 되어 있어."

이럴 때 단추에서 지문만 나와 주면 훨씬 더 좋을 텐데, 아쉽게도 지문은 나오지 않았다. 그렇다면 이제 박상철의 집도 조사하고 미행도 해 봐야 한다.

그런데 보아 하니, 화산이, 남우, 운동이, 원소도 같이 가고 싶은 표정. 하지만 'CSI'가 아니라서 마음대로 수사에 참여할 수는 없었다. 그런데 바로 그때였다.

"정 형사님이랑 안 형사님께 말씀드려 보자. 그림을 보고 산방산인 줄 알아낸 것도 화산이잖아. 그러니까 허락해 주실지도 몰라."

별이였다. 수리, 철민이, 태양이는 깜짝 놀랐다. 별이 입에서 그런 소리가 나올 줄은 꿈에도 몰랐다. 지구 과학을 전공하는 형사로서 그림을 보고 화산이보다 먼저 종상 화산과 산방산에 대해 알아내지 못해 의기소침해 있을 줄 알았다. 아니, 얼마 전까지만 해도 충분히 그리고도 남을 별이였다. 그런데 갑자기 왜 이런 말을?

하지만 별이의 마음은 달랐다. 솔직히 화산이가 자기보다 먼저 중요한 단서를 찾아낸 것에 자존심이 상하긴 했다. 하지만 별이는 화산에 대해서는 모르는 부분이 많았다. 그리고 화산이는 이름도 '화산'이니, 이름값을 한 걸로 생각하기로 했다.

게다가 할까 말까 망설이다가 선수를 놓치는 바람에 자꾸 이기적인 아이로 오해받는 것이 속상했으니, 이번에는 먼저 나서서 자기 진심을 말하기로 한 것.

여하튼 별이의 말에 정 형사도 안 형사도 흔쾌히 허락해 주었다. 별이의 변화에 두 형사는 미소를 지었다.

별이의 제안으로 수사에 참여할 수 있게 되었다는 말에 남우, 운동이, 화산이, 원소 모두 놀란 표정. 별이는 쑥스러운지 딴청을 피웠다.

아이들은 곧바로 팀을 나눠 수사를 진행하기로 했다.

　별이, 수리, 화산이, 원소는 정 형사와 함께 산방산 근처에 있는 박상철의 집을 조사하기로 했다. 그리고 철민이, 태양이, 남우, 운동이는 안 형사, 인기남 형사와 함께 퇴근하는 박상철을 미행하기로 했다.

　멋진 양복으로 갈아입은 박상철은 리조트에서 100m쯤 내려와 택시를 탔다. 번화가로 간 그는 한 레스토랑에서 여자 친구로 보이는 여자와 함께 식사를 했다. 그런데 레스토랑의 수준을 보니, 언뜻 보기에도 리조트 직원 월급으로는 조금 무리다 싶을 정도로 비싸 보였다.

　한편, 산방산 근처에 있는 박상철의 집은 평범한 시골집이었다. 그런데 아이들이 아무리 불러도 인기척이 없었다. 조금 떨어진 이웃집에 가서 물으니, 주인 할머니가 대답했다.

"그 집 빈 지 좀 됐어. 상철이가 할머니랑 같이 살던 집인데, 올 여름에 할머니가 돌아가시고 상철이도 나갔어. 소문에는 취직해서 직장 가까운 데 집 얻었다고 하던데."

"가장 최근에 보신 게 언젠가요?"

"최근에? 아, 맞다! 한 3, 4일 전에 잠깐 봤어. 요 앞길에서 친구랑 같이 오토바이 타고 가더라고. 그래서 집에 잠깐 들렀나 했지."

오토바이? 혹시 돈 가방이 사라지기 전에 갑자기 나타났다는 바로 그 오토바이가 아닐까?

정 형사와 아이들은 낮은 돌담을 넘어 집으로 들어갔다. 다행히 부엌으로 통하는 작은 문이 열려 있어 집 안으로 들어갈 수 있었다. 작은 방에는 창문이 하나 있었다. 그 창문에서 보니, 산방산이 코앞에 있는 것처럼 크게 보였다. 혜지가 그린 그림에서처럼.

그렇다면 이 방에 갇힌 동안 내내 산방산을 본 혜지가 저도 모르게 그 모습을 기억 속에 담아 온 것은 아닐까?

아이들은 혹시 혜지가 있던 흔적이 조금이라도 남아 있지 않을까 해서 집 안팎을 샅샅이 뒤져 보기로 했다. 그런데 잠시 후, 뒤뜰에 있는 쓰레기봉투를 살피던 원소가 소리쳤다.

"얘들아, 이리 와 봐."

뭔가 해서 뛰어갔더니, 빨대가 꽂혀 있는 요구르트 병.

"혹시 여기에 혜지의 침이 묻어 있지 않을까?"

그렇다. 만약 혜지가 이 요구르트를 먹었다면 빨대 끝에 침이 묻어 있을 것이다. 그럼 그걸로 유전자 검사를 해 보면, 혜지가 마신 요구르트인지 아닌지를 알아낼 수 있다. 만약 혜지의 것이라면 이곳에 혜지가 갇혀 있었다는 확실한 증거가 된다.

한편 저녁을 먹고 여자 친구와 헤어진 박상철은 다시 고급 술집으로 들어갔다. 안 형사와 인기남 형사가 따라 들어가고, 아이들은 밖에서 기다렸다. 뒤이어 오토바이를 타고 온 남자가 안으로 들어갔다.

그렇다면 저 남자가 바로 그 공범? 그리고 한 시간 후, 그 남자와 박상철은 같이 밖으로 나왔다. 따라가 보니, 두 사람은 한 아파트로 들어갔다. 둘이 같이 사는 듯했다.

아이들은 박상철이 호화 생활을 하고 있는 것과 오토바이를 탄 친구가 있는 것이 미심쩍었다. 혹시 몰라 불이 꺼질 때까지 밖에서 기다렸지만 별다른 움직임은 없었다.

다음 날, 어제 의뢰한 유전자 검사 결과가 나왔다. 다행히 빨대에 묻은 침에서 추출한 유전자가 혜지의 것과 일치했다. 그렇다면 범인은 박상철, 그리고 그의 친구가 바로 공범이다.

곧바로 박상철이 리조트에서 체포되었다. 친구 이름은 마동식. 마동식은 어제 들어간 아파트에서 자고 있다가 체포되었다.

박상철은 마동식과 어울리며 백수로 살다가, 할머니가 돌아가신 후 리조트에 취직하게 되었다.

그러던 중 리조트에 놀러온 예쁜 아가씨를 보고 한눈에 반하게 되었는데, 꽤 부잣집 아가씨였던 것.

결국 자신을 부잣집 아들이라 속이고 그녀와 사귀게 됐는데, 문제는 돈. 그러던 중 우연히 나상만이 부자라는 소문과 방학이라 그의 딸이 제주도로 내려온다는 얘기를 듣고 마동식과 납치를 계획했다고 한다.

혜지가 놀이터에서 혼자 노는 틈을 타 박상철이 접근하여 아빠가 부른다며 혜지를 데리고 나왔다. 리조트 제복을 입었으니, 혜지는 별 의심 없이 따라갔던 것. 그리고 박상철은 리조트 뒤쪽에서 대기하던 마동식에게 혜지를 넘기고, 의심을 피하기 위해 평소대로 일을 했다고 한다. 심지어 아이가 없어졌다는 얘기를 듣고 같이 찾아 주기도 했다니, 정말 뻔뻔한 사람이 아닌가!

그사이 마동식은 산방산에 있는 박상철의 집에 아이를 가두었다. 그리고 퇴근 후에 온 박상철과 함께 아이를 볼모로 부모에게 돈을 요구했던 것이다. 정말 너무도 황당한 범행 동기에 모두들 할 말을 잃었다.

여하튼 모두 힘을 합쳐 사건을 해결하고 나니, 조금 더 친해진 느낌.

특히 별이의 달라진 모습에 다른 아이들은 놀라기도 하고 감동도 받았다. 가만, 그나저나 중단된 제주도 올림픽은 이제 어떻게 할 것인가?

"첫날 우리가 이겼으니까 그냥 우리가 이긴 걸로 해요."

얼씨구 팀이 우기자, 절씨구 팀은 난리가 났다.

"말도 안 돼. 한 번 더 해요."

그런데 들어 보니, 두 번째 종목은 올레길 일주, 세 번째 종목은 한라산 종주였단다. 그대로 진행되었다면 완전 죽을 뻔했다. 어찌 보면 수사에 참여했던 것이 축복받은 일?

"그럼 이틀 더 있다 갈까? 시간도 많은데."

아이들은 고개를 절레절레 저었다. 정 형사와 안 형사는 재미있다는 듯 웃음을 터뜨렸다.

결국 의논 끝에 무승부로 결정하고 두 팀 다 상을 주기로 했다.

그런데 상으로 받은 쪽지를 열어 보니, 이게 뭔가! 경찰서 배치표?

"경찰서에 배치되어 한 달간 실전 훈련 받는 거 알지? 그 배치표야."

"에이, 그런데 이게 무슨 상이에요?"

철민이가 불만을 터뜨리자 안 형사가 대답했다.

"상은 거기 가면 있어."

그러면서 정 형사와 마주 보고 씩 웃는 모습이 영 불안하다. 그나저나 두 형사님은 언제부터 이렇게 친해지셨는지? 경찰서에 있다는 상은 도대체 무엇인지 정말 궁금하다.

 ## 화산이가 들려주는 사건 해결의 열쇠

유괴당했던 아이가 그린 그림을 보고 납치된 장소를 알아내어 범인을 검거할 수 있었던 것은 바로 화산에 대해 잘 알았기 때문이야.

💡 화산이란?

'화산'이란 지구 내부에 녹아 있는 마그마가 지표 밖으로 뿜어져 나와 만들어진 산을 말해. 이때 마그마가 뿜어져 나온 길을 '화도'라고 하고, 마그마가 나와서 원뿔이 뒤집어진 모양으로 움푹 팬 화산 꼭대기를 '화구' 또는 '분화구'라고 하지. 그럼 화산은 왜 폭발하는 걸까?

우리가 땅이라고 부르는 '지각'은 단단한 암석과 토양으로 이루어져 있고

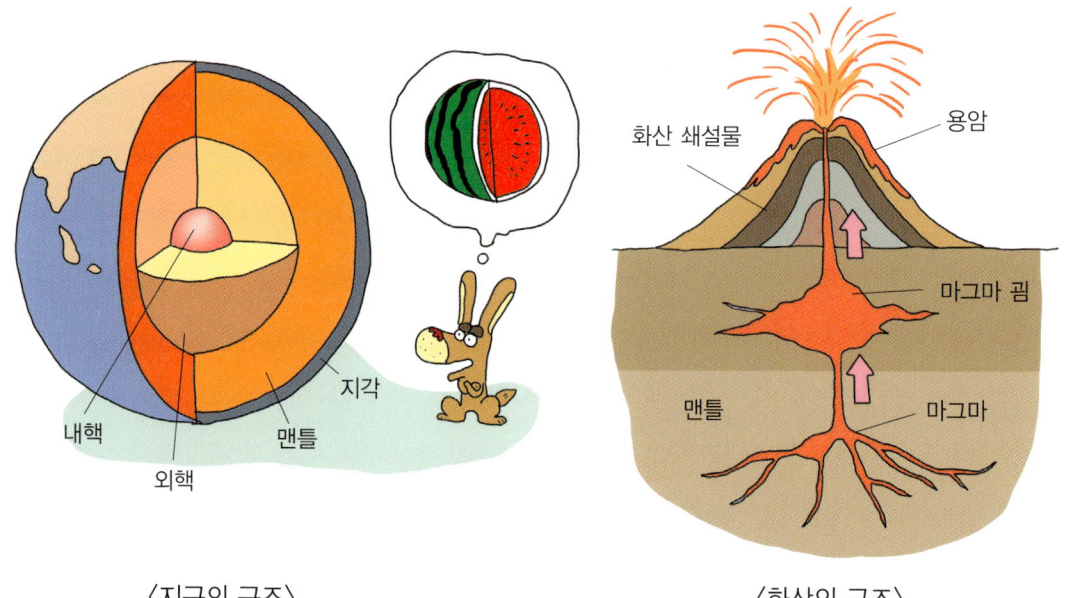

〈지구의 구조〉　　〈화산의 구조〉

그 밑에는 아주 뜨거운 고체인 '맨틀'이 있지. 그리고 맨틀 중 지각과 맞닿은 곳의 일부는 녹아서 반액체가 되어 있는데, 이것을 '마그마'라고 해.

지각은 크고 작은 10여 개의 조각으로 나뉘어져 있어. 이를 '판'이라고 부르는데, 판은 맨틀 위에 떠서 아주 조금씩 움직이기 때문에 서로 부딪치기도 하지.

이때 한쪽 판이 다른 쪽 밑으로 밀려 들어가면서 맨틀의 뜨거운 열에 녹아 마그마가 되는 거야. 그리고 땅 밑에 고여 있던 마그마가 지각의 갈라진 틈으로 뚫고 나오면, 바로 화산이 폭발하게 되는 거지. 이때 분화구에서 불출된 마그마를 '용암'이라고 하지.

💡 화산의 모양

그런데 화산의 모양은 다 똑같지 않아. 마그마가 분출하는 방법과 용암의 종류에 따라 달라지지.

먼저 화산 쇄설물(화산의 분화로 분출되는 고체 물체)의 양이 매우 적고 점성이 작은 용암은 멀리까지 흘러가면서 옆으로 넓게 퍼지게 돼. 그러면 엎어 놓은 방패 모양처럼 경사가 완만한 화산이 생기지. 이런 화산을 '순상 화산'이라고 하는데, 대표적인 것이 바로 제주도 한라산이야.

반대로, 점성이 큰 용암이 흘러나오면 멀리까지 흐르지 못하고 분화구 위쪽으로 높게 쌓인 채 굳어지면서 종 모양의 경사가 급한 화산이 만들어져. 이를 '종상 화산'이라고 하는데, 제주도 산방산이 여기에 속해.

또 용암과 화산 쇄설물이 교대로 쌓여서 아래쪽은 경사가 완만한 반면 산꼭대기는 경사가 가파른 화산을 '성층 화산'이라고 불러. 일본의 후지산이 대표적이야.

하지만 마그마가 분출했다고 해서 항상 산만 생기는 것은 아니야. 폭발이 일어나지 않은 채 점성이 작은 용암이 한꺼번에 많이 지표 밖으로 흘러나와 넓게 퍼지면서 평평한 대지를 이루는 경우가 있는데, 이를 '용암 대지'라고 해. 북한에 있는 개마고원이 바로 용암 대지야.

그리고 큰 화산이 분출할 때 가지를 치듯 중턱이나 기슭에 다른 분화구가 생기면서 만들어지는 화산도 있는데, 이러한 작은 화산을 '기생 화산'이라고 해. 제주도에는 약 368개의 기생 화산이 있어.

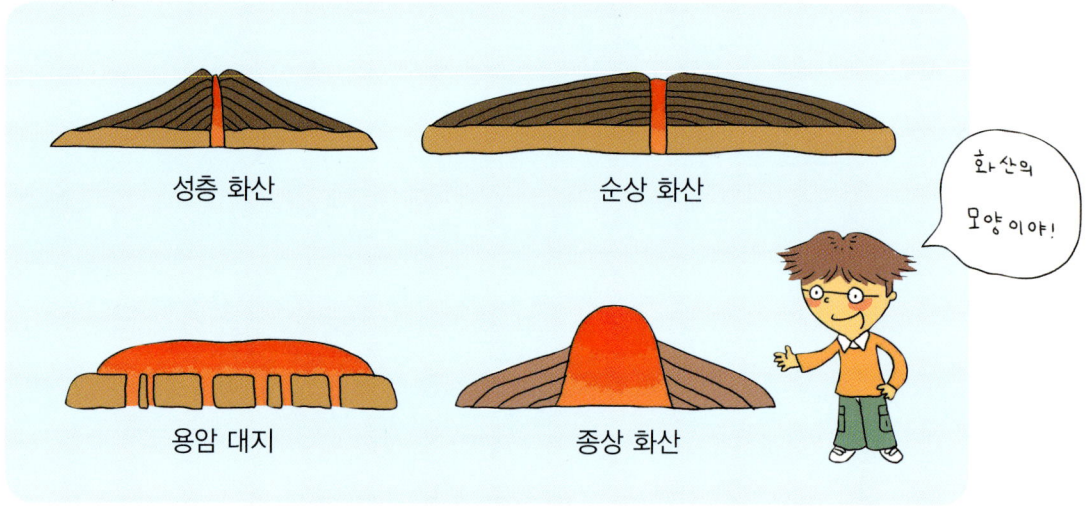

〈화산의 모양〉

💡 산방산의 특징

제주도 남서쪽에 위치한 높이 395m의 산방산은 점성이 큰 용암이 굳어져 만들어진 종상 화산이야. 그래서 경사가 급하고, 제주도의 다른 화산들과 달리 정상에 분화구가 없지.

산방산은 회백색의 조면암으로 구성되어 있는데, 조면암은 현무암처럼 마그마가 굳어진 암석이야. 동그란 구멍이 숭숭 뚫린 현무암과는 달리 조면암은 구멍이 타원형이나 길쭉한 모양이고, 치밀하고 단단한 느낌을 주지. 그 색깔도 검은색의 현무암과는 달리 회백색이 많아.

그러니까 생각해 봐. 납치되었던 아이가 그린 그림에 있는 산은 분화구가 있는 제주도의 화산과는 달리 종 모양이었어. 결국 그림을 보고, 종상 화산인 산방산임을 알아냈고, 그 근처에 있는 용의자의 집에서 아이가 갇혀 있던 증거물을 찾아냄으로써 범인을 잡을 수 있었지.

CSI, 함께 놀며 훈련하다!

 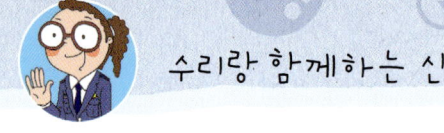

① 동전으로 움직이는 차

과연 중력으로 장난감 자동차를 움직일 수 있을까? 궁금하지 않니? 그럼 같이 실험해 볼까?

• 준비물 •

- 장난감 자동차
- 장난감 자동차보다 가벼운 바구니
- 기다란 끈
- 동전 여러 개

❶ 바구니와 자동차에 끈을 연결한다.

❷ 자동차를 책상 위에 올려놓고, 바구니는 책상 아래로 매달리게 한다.

❸ 바구니에 동전을 한 개씩 넣으면서 자동차가 어떻게 움직이는지 본다.

동전을 넣으면 자동차가 움직이기 시작하지? 그리고 동전을 계속 넣어 바구니가 무거워질수록 자동차는 더 빠르게 굴러가. 왜냐하면 중력은 질량이 커질수록 커지고, 중력이 커지면 속도의 변화도 커지기 때문이지.

❷ 모래 위에 공 떨어뜨리기

질량이 같은 물체라도 속도가 클수록 충돌할 때 가해지는 충격이 커진다고 했지? 간단하게 확인해 볼까?

모래 위에 야구공을 떨어뜨리면 야구공이 모래에 박히게 되지. 그런데 자세히 보면 높은 곳에서 떨어뜨린 야구공이 더 깊이 박힌 것을 볼 수 있어. 같은 질량의 공이라도 높은 곳에서 떨어뜨릴수록 모래에 닿을 때의 속도가 커지고, 따라서 모래에 가해지는 충격도 커지기 때문이지.

1 음식물의 이동

음식물은 식도, 작은창자, 큰창자 등의 소화 기관에서 어떻게 이동하는 걸까? 간단한 실험으로 알아볼까?

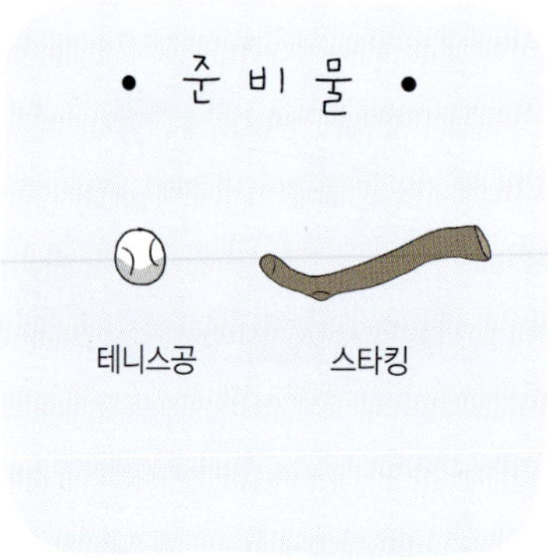

• 준비물 •

테니스공 스타킹

❶ 스타킹 안에 테니스 공을 넣는다.

❷ 스타킹의 양쪽 끝을 단단하게 잡는다.

❸ 공 뒤의 스타킹을 잡고 손을 폈다 오므렸다 하면서 공의 움직임을 관찰한다.

어때, 손을 오므렸다 펼 때마다 공이 조금씩 앞으로 나아가는 것을 볼 수 있지? 소화 기관도 이와 비슷하게 근육의 수축을 통해 음식물을 이동시키지. 이러한 근육 운동을 '꿈틀거리며 움직인다'는 뜻으로 '꿈틀 운동'이라고 해.

❷ 입안에서 일어나는 일

음식이 입안으로 들어오면 이는 음식을 잘게 자르고, 혀는 음식과 침을 섞어 주는 일을 해. 그러면 침은 무슨 일을 할까?

처음엔 짠맛이 나던 빵이 계속 씹을수록 단맛이 나지? 그 이유는 침 안에 들어 있는 아밀라아제라는 소화 효소 때문이야. 아밀라아제가 빵에 들어 있는 녹말을 분해하여 단맛이 나는 엿당으로 변화시켜 주거든.

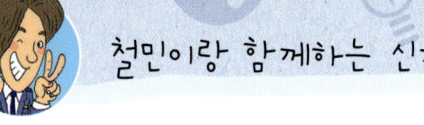

1 고소한 폭발

옥수수로 팝콘을 만들어 볼까? 작은 옥수수 알이 '펑! 펑!' 하고 폭발하면서 고소한 팝콘이 되지. 위험하니까 꼭 어른과 함께해야 돼.

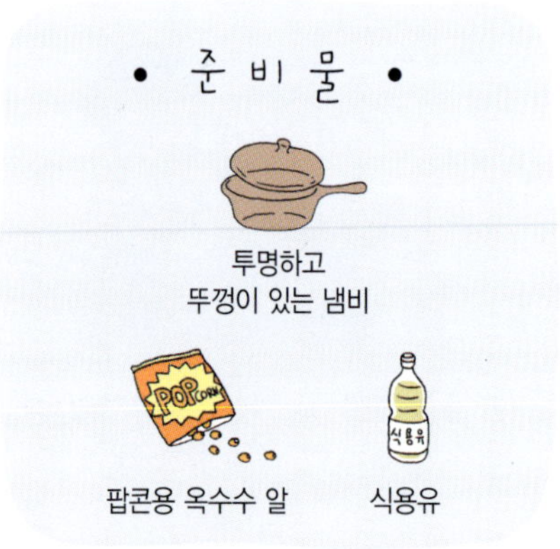

• 준비물 •
- 투명하고 뚜껑이 있는 냄비
- 팝콘용 옥수수 알
- 식용유

❶ 냄비에 식용유를 조금 붓는다.

❷ 냄비를 달군 다음, 옥수수 알을 넣고 뚜껑을 닫는다.

❸ 멀찌감치 떨어져서 냄비 안에서 일어나는 변화를 살펴본다.

❹ 팝콘이 만들어지면 옥수수 알과 그 크기를 비교해 본다.

옥수수 알에는 물이 조금 들어 있어. 그 물이 열을 받으면 증기가 되고, 그 증기의 힘 때문에 '펑!' 하고 작은 폭발이 일어나면서 팝콘이 되는 거야. 옥수수 알과 팝콘을 비교해 보면 크기가 몇 배나 커진 것을 볼 수 있지? 폭발을 이용해 맛있는 팝콘을 만들 수 있다니, 재밌지 않니?

❷ 비닐 폭탄 만들기

폭발이 일어날 때는 많은 양의 기체가 발생하면서 압력이 커진다고 했지? 그럼 간단한 실험으로 확인해 볼까?

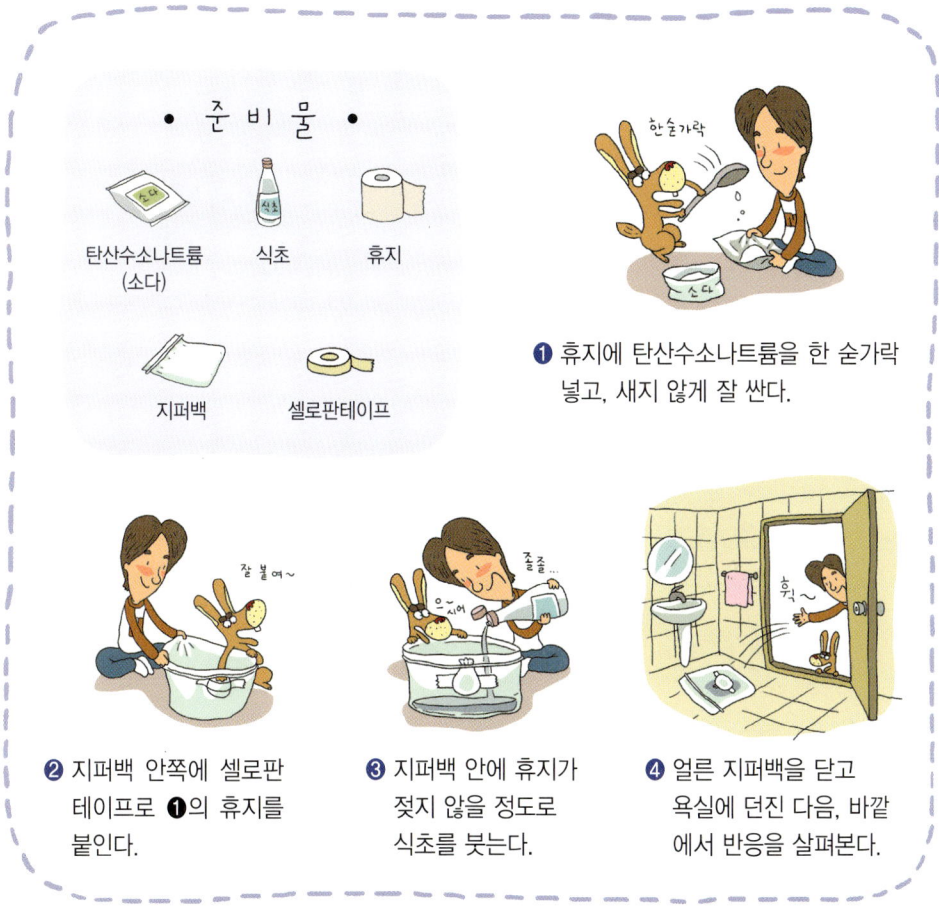

잠시 후, 비닐봉지가 점점 부풀어 오르더니, 터져 버리지? 식초와 탄산수소나트륨이 만나면 이산화탄소가 발생해. 이때, 이산화탄소의 양이 급격하게 늘어나니까 비닐봉지가 점점 부풀어 오르고, 결국 그 압력을 견디지 못하고 터지는 거야.

① 화산 빵 만들기

화산이 분출하는 것처럼 잼이 분출한 화산 빵. 맛있는 빵도 만들고, 화산의 원리도 알아보자.

화산이 분출한 것 같은 모양의 빵이 구워졌지? 열을 가하면 빵 반죽 안에 있던 공기가 뜨거워지면서 잼을 위로 밀어 올리니까 가운데 구멍으로 딸기 잼이 빠져나오는 거야. 빵은 지각, 잼은 마그마, 작은 구멍은 지각의 약한 부분이라고 생각하면 화산 분출의 원리를 쉽게 알 수 있지.

❷ 용암의 점성

용암의 점성이나 화산 쇄설물의 양에 따라 다른 모양의 화산이 만들어진다고 했지? 간단하게 확인해 볼까?

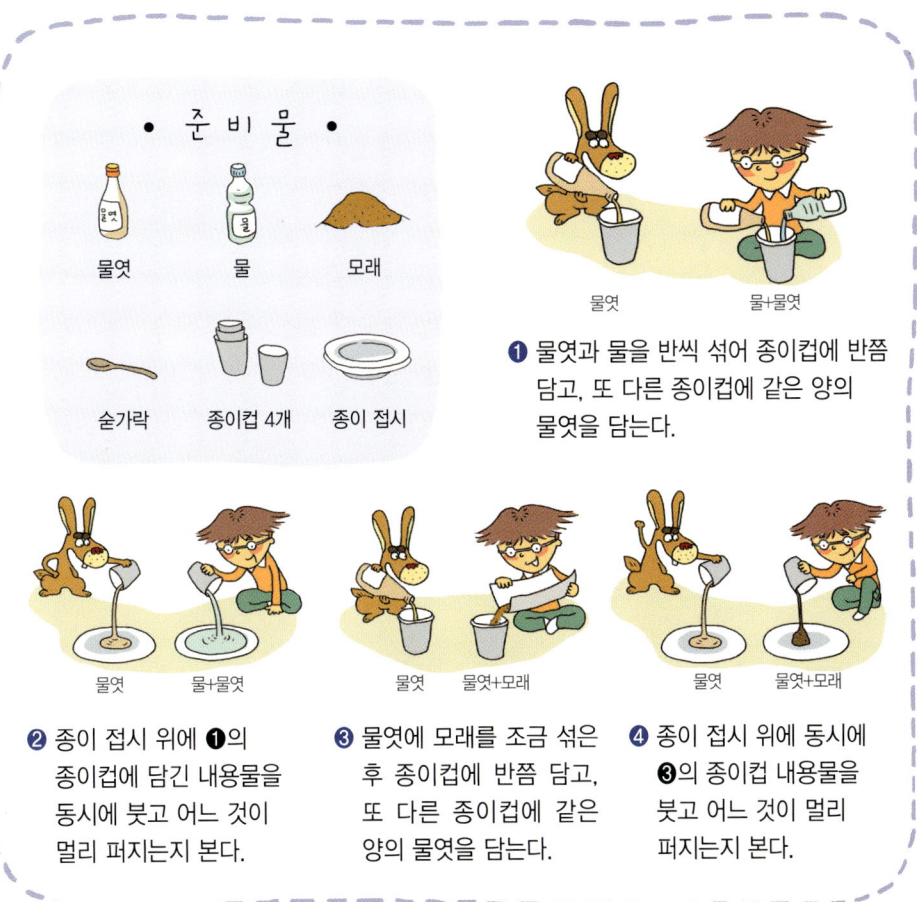

그냥 물엿보다 물을 섞은 물엿, 즉 점성이 작은 물엿이 더 멀리 퍼지는 것을 볼 수 있지? 또 물엿에 모래를 섞으면 거의 퍼지지 않는 것도 볼 수 있어. 마찬가지로 화산 쇄설물의 양이 적고 점성이 작은 용암은 멀리 퍼지고, 화산 쇄설물의 양이 많고 점성이 큰 용암은 멀리 퍼지지 못하지.

 찾아보기

ㄱ
가속도 37, 47
과산화수소 111, 125
기생 화산 148, 162

ㄴ
노벨 114
뉴턴 37, 47
느린 반응 123

ㄷ
다이너마이트 114
DNA(디엔에이) 65

ㅁ
마그마 161
맨틀 160

ㅂ
분화구 148, 160
빠른 반응 123

ㅅ
성층 화산 161
소화 85
소화 기관 85
소화 잔사물 검사 74, 87
순상 화산 149, 161

ㅇ
액체 폭탄 113, 124
영양소 74, 84
오름 148
용암 161
용암 대지 162
운동 제2법칙 37, 47
유전자 검사 65

ㅈ
종상 화산 149, 161
중력 37, 46
중력 법칙 37
지각 160

ㅊ
체세포 64

ㅋ
칼데라 호 148
컴퓨터단층촬영(CT) 39

ㅍ
판 161
폭발 124
폭발 반응 113
폭약 124
폭탄 124

ㅎ
화구호 148
화도 148, 160
화산 148, 160
화산 쇄설물 149, 161
화학 반응 113, 122